Departamento de publicaciones especiales

Coordinación editorial y comercial
Luis Mariano Barone

Dirección creativa
Carlos Alberto Cuevas

Coordinación de obras y marketing
Ana María Pereira

Dirección de arte
Armando Andrés Rodríguez

Edición y supervisión de la obra
Laura Alejandra Romaniello - Federico Docampo

Edición ejecutiva
Gabriela Andrea Fazzito

Diagramación y diseño
Ana Solange Coste - Mariana Paula Duarte

Ilustraciones
Víctor Páez

Fotografías especiales
Julia Anguita - Ariel Carlomagno

Impreso en Pressur Corporation S.A.
República Oriental del Uruguay

Todos los derechos reservados
© **CULTURAL LIBRERA AMERICANA S.A.**
  Buenos Aires - Rep. Argentina

Presente edición:
© **LATINBOOKS INTERNACIONAL S.A.**
  Montevideo - Rep. O. del Uruguay

ISBN: 9974-7915-9-6

Edición 2005-2006

808.5   Forero, María Teresa
FOR   Cómo hablar correctamente y comunicarnos mejor :
        Técnicas de comunicación oral / María Teresa Forero. --
        Montevideo, Rep. Oriental del Uruguay :
        © Latinbooks International S.A., 2005.
        120 p. : il. ; 18 x 25.5 cm.

        ISBN 9974-7915-9-6

        1. COMUNICACIÓN ORAL. 2. COMUNICACIÓN-PILARES.
        3. PLANIFICAR PARA HABLAR. 4. DON DE LA COMUNICACIÓN.
        I. Título.

Lic. María Teresa Forero

Cómo **hablar correctamente** y comunicarnos mejor

Técnicas de comunicación oral

CONCEPTO®

LATINBOOKS

A modo
de presentación

El arte de hablar bien está íntimamente vinculado a la habilidad de comunicar con precisión lo que pensamos o sentimos. En otras ocasiones, nos traicionan los nervios cuando debemos explayarnos ante un grupo numeroso o un gran público. Nos preguntamos cómo hace aquella persona que se desenvuelve tan distendidamente ante los demás, de una manera tan efectiva, y deseamos tener esa capacidad para manejarnos con más confianza frente al prójimo.

Esta obra aparece para facilitar el desarrollo de esas habilidades que tanto anhelamos poseer. Para ello abordamos diversos aspectos de la comunicación y la amplia gama de herramientas que podemos utilizar a la hora de expresarnos.

Para vencer el temor de hablar en público, ofrecemos métodos de relajación, estrategias que ayudan a fortalecer la autoestima y a desarrollar el optimismo. Para reforzar estas nociones, brindamos un detallado análisis de los elementos que componen la comunicación, cómo se estructuran los mensajes, qué sentido tienen y qué circuito recorren.

Interiorizamos al lector acerca de las fallas en la comunicación, para que pueda ser conciente de los errores que comete al manifestar sus argumentos y opiniones. Abordamos un análisis de las distintas funciones del lenguaje y sus diversos usos y aplicaciones en contextos específicos.

Esta obra aspira, en definitiva, a capacitar y estimular la confianza de las personas para exponer un tema ante el público. Propone métodos para programar los discursos y seleccionar las ideas prioritarias, y ofrece distintas estrategias para que el lector logre planteos creativos, de modo que pueda sorprender y cautivar a los oyentes, despertando el interés general con la destreza de los grandes comunicadores.

Los editores

Índice general del volumen

Los pilares de la comunicación

> *Los elementos de la comunicación.*

> *Fallas en la comunicación.*

> *Tipos de comunicación.*

Lo primero que hay que saber antes de adentrarnos en el arte de hablar bien es a qué nos referimos cuando hablamos de comunicación: qué es, de qué elementos se compone, por qué a veces falla y otras es tan efectiva... Además, ¿siempre nos comunicamos de la misma manera, o existen diferentes tipos de comunicación? Vamos a descubrirlo, ¿quieres?

¿A qué llamamos comunicación?

Estamos comunicados

Comunicarse no es sólo hablar o enviarse e-mails. La comunicación está presente en todos los seres vivos. Los seres humanos, aunque no digamos una sola palabra ni hagamos gestos o escribamos un texto, siempre comunicamos cosas con nuestras miradas y actitudes.

Comunicación: contacto humano

La comunicación es un acto de intercambio de mensajes entre personas.

Aristóteles dijo, hace más de 2.500 años, que el hombre es un ser sociable. Salvo los ermitaños, los monjes de clausura o los que se retiraron de la sociedad por una promesa o algún conflicto, el hombre necesita a los demás para sentirse bien. Esto implica, también, que necesita compartir con sus semejantes sus opiniones, dudas, estados de ánimo. De esta manera establecemos relaciones interpersonales con los otros a través del proceso de la comunicación.

Desde los tiempos más primitivos, el hombre ha ideado formas de comunicar cosas a los demás: podía ser un gesto, el sonido de tambores, señales de humo, o silbidos, como los montañeses de las islas Canarias, que por su particular manera de silbar dieron nombre a esas islas. Estos montañeses daban silbidos semejantes a los de los canarios, pero con la particularidad que con ellos transmitían datos, como distancias, tipos de animales que estaban cerca, etcétera. Los silbidos también se usan en muchas ciudades en la actualidad para indicar a otros la presencia de un peligro. Así, los vendedores ambulantes del Distrito Federal de México o de Buenos Aires silban cuando saben que se acercan los coches policiales que los desalojarán de la calle. En un partido de fútbol, el referí se comunica con gestos y el sonido del silbato.

Los mensajes nos rodean

Si miramos en torno, notaremos muchos tipos de mensajes que el hombre ha desarrollado para comunicarse. Hay mensajes que son absolutamente visuales y universales, como la calavera que indica que un producto es venenoso, la silueta femenina que señala un baño público para mujeres, las señales de tránsito, etcétera. También hay mensajes publicitarios que son sólo imagen, como algunos afiches de cigarrillos que reproducen un camello, un vaquero, o una botella de gaseosa con una forma muy particular. De la misma manera, encontramos mensajes que no tienen palabras, que son sólo imagen, en hospitales y clínicas, como la enfermera con

Está bien, Gilberto, no comeré pollo sino lo que sea.

CLÓ CLÓ CLÓ

un dedo sobre los labios que indica que se debe guardar silencio. Son mensajes que aun los que no saben leer y escribir pueden interpretar.

Nuevos medios, antiguas necesidades

Todos reconocemos mensajes mímicos, como el guiño de un ojo en señal de complicidad.

El enorme avance técnico ha permitido al hombre, desde finales del siglo XIX, desarrollar muchos medios para transmitir mensajes, como el teléfono, el telégrafo, la telefonía celular, los faxes, el correo electrónico. Ahora es posible comunicarse al instante con alguien en el otro extremo del planeta de una manera muy simple. Sin embargo, la comunicación oral sigue siendo prioritaria, aún en el siglo XXI con tantas posibilidades de comunicación tecnológica. Las radios tienen cada vez más espacios donde el oyente deja su mensaje oral o dialoga con los conductores; a través de Internet, podemos conversar con otra persona siempre que tengamos un programa adecuado para hacerlo. Dejamos mensajes grabados en los contestadores telefónicos y registramos nuestros mensajes para que quienes nos llaman sepan qué deben hacer.

Pocas sonrisas han merecido tantas interpretaciones como la de la Gioconda de Da Vinci. Algo comunica, pero ¿qué?

Siempre estamos comunicando algo

Si una persona, en una reunión, se mantiene callada, y su rostro parece de piedra, de todos modos está comunicando algo: que no le interesa lo que ocurre a su alrededor o que está reprimiendo lo que siente. Y eso también es comunicar.

La **comunicación** puede ser **inmediata**, como ocurre con los gestos o una conversación, o **mediata**, como sucede con los diarios, los libros, las cartas, los filmes, algunos programas de televisión, etcétera.

Los elementos de la comunicación

Si bien los mensajes pueden tener un soporte distinto (la voz humana, el papel, la cinta de video, el casete, el óleo y la tela en un cuadro, etcétera), todos tienen tres elementos fundamentales, sin los que no hay comunicación posible.

El emisor

Es quien **emite el mensaje**. El que habla, escribe, hace sonar un timbre, silba, pone un cartel con un dibujo de un perro amenazador en su jardín, etcétera. El emisor debe definir de manera precisa el mensaje que va a comunicar.

Su lenguaje –si el mensaje es oral o escrito– debe ser acorde a las características del destinatario: por ejemplo, no hablar en alemán a quien no conoce esa lengua.

El lenguaje corporal debe ser coherente con lo que decimos. Así, si damos una mala noticia, sería incoherente hacerlo riendo. Es importante que el emisor se asegure de que su destinatario (llamado receptor), haya recibido el mensaje. Cuando alguien habla y su interlocutor está con auriculares puestos escuchando música, la comunicación no se realiza. Si soplamos un silbato en un estadio vacío, la comunicación no se realiza.

El emisor define el mensaje que va a comunicar.

El receptor

Es la **persona que recibe el mensaje**. El que escucha, recibe y lee una carta o cualquier emisión escrita, quien sale al recreo cuando oye el timbre, el que mira un semáforo en una esquina, etcétera. Las normas del receptor son las comunes para un buen oyente, esto es:

Para que exista la comunicación se precisa un emisor de mensajes, un receptor y un código común.

▶ Si el mensaje es oral, saber escuchar, o sea, no interrumpir al emisor.

Intercambiar mensajes entre personas es un acto de comunicación.

▶ Un buen receptor no debe tener prejuicios o ideas preconcebidas acerca del emisor o de su mensaje.

▶ Tampoco debe adelantarse, suponiendo que ya sabe lo que el otro está por decir.

▶ No distraerse con otras actividades, como mirar la televisión mientras un familiar nos cuenta algo.

Como se ve, todo podría resumirse en la palabra respeto. En todo acto de comunicación, la regla número uno es respetar al semejante.

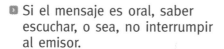

Buenos días. Por favor, ¿me puede decir la hora?

No olvides saludar, pedir con corrección y dar las gracias. El respeto también es fundamental para la comunicación.

El mensaje

Es el **contenido de lo que se transmite**. Puede ser oral, escrito, corporal, –como cuando alguien nos saluda de lejos agitanto la mano– o auditivo (por ejemplo, el sonido de la sirena de una ambulancia para abrirse paso).

Para emitir un buen mensaje hay que pensar, pues el mensaje debe tener un contenido coherente y ordenado. La comunicación oral falla cada vez que se habla por hablar.

El mensaje debe adecuarse al receptor. De nada valdría decir "o técna Cádmou tou pálai néa trophé" si no va a ser entendido por el receptor.
Lo mismo ocurre cuando enviamos una carta manuscrita y sólo nosotros entendemos nuestra letra.

Negativo y positivo

Un mensaje puede estar bien comunicado por el emisor y ser comprendido perfectamente por el receptor. Sin embargo, si el emisor lo transmite "en negativo" puede generar una sensación de malestar. Compárense estos dos mensajes:

> "No todos los mecánicos de automóviles son honestos. Muchos de ellos a veces presentan presupuestos demasiado abultados."

> "Casi todos los mecánicos de automóviles son honestos, aunque hay algunos que presentan, a veces, presupuestos abultados".

La información es casi la misma, pero en el primer caso se la presenta de manera negativa, lo cual incide en el receptor para hacerle sentir que la deshonestidad es lo que prevalece en esa profesión; se lo induce, casi se lo manipula.
Evita este tipo de manipulaciones cuando emitas un mensaje…, y presta atención cuando los recibas.

El código

Es el **sistema de signos, señales y reglas verbales, orales y visuales comunes al emisor y al receptor**. Por ejemplo, el código Morse, basado en líneas y puntos, o las banderas de distintos colores, en el código náutico. El código más simple quizá sea un semáforo, con sólo tres mensajes: prohibido pasar (luz roja); permitido pasar (luz verde); cuidado al pasar (luz amarilla).

El mensaje oral y el escrito tienen códigos de letras y números. El mensaje escrito tiene signos, como los de entonación (interrogación y exclamación), y otros signos auxiliares (rayas, comillas, etcétera). En el lenguaje oral usamos distintas entonaciones.

El mensaje corporal tiene, además, un código de gestos.

Cómo dar malas noticias

Hace siete meses que Daniel está estudiando en otra ciudad y envía esta carta a sus padres:

Queridos mamá y papá:

Disculpen si desaparecí tanto tiempo. Lo que pasa es que me caí en la calle y tuve conmoción cerebral. Por suerte una mujer que vende patatas me llevó a su casa y me cuidó. Es tan atenta que nos enamoramos a pesar de que ella tiene 6 años más que mamá. Es buena, un poco torpe porque apenas sabe leer y escribir y yo le tuve que enseñar a comer con cubiertos. Pero nos pusimos de novios y debemos casarnos pues está embarazada de cuatro meses. Ustedes la amarán, y ni se fijarán en que tiene la cara llena de marcas de viruela. Nos casaremos con una gran fiesta y viviremos con ustedes. También estarán con nosotros mis suegros, tan cordiales, a pesar de que el padre estuvo preso por vender drogas y la madre por estafa. Pero eso ya pasó y son muy gentiles. Seguro deberé dejar de estudiar cuando nazcan los trillizos. Porque esperamos trillizos.

Bueno, la verdad es que ni me caí, ni tuve conmoción cerebral, ni conozco a ninguna vendedora de patatas ni embaracé a nadie. Me saqué un uno en matemática, lo que los aliviará bastante. Un beso.

Daniel

A veces, la comprensión de un gesto depende de la cultura en que éste se emplea. Por ejemplo, el gesto con la mano en la oreja para indicar "llamada telefónica" no se entenderá en pueblos aborígenes que no conozcan la telefonía, como algunos del Amazonas, o parecerá ridículo en medio del frío ártico (como ya lo hemos visto en un chiste, en páginas anteriores). Tengamos en cuenta que la variedad de los códigos es inconmensurable y puede pertenecer al común de la gente como a un número reducido de personas. Entre los aborígenes norteamericanos, por ejemplo, se estilaba fumar una pipa, algo conocido como "la pipa de la paz"; pero era mucho más que eso: como su dios –el Gran Manitú– era sólo espíritu, el humo de una pipa significaba algo así como convocarlo, tenerlo presente, y hasta podían descifrar por las volutas de humo si estaba conforme o no. Sólo los iniciados podían reconocer el "código" del dios.

Para decodificar un mensaje es necesario conocer el código empleado.

En las islas griegas, para afirmar algo no bajan la cabeza, sino la sacuden un poco de lado, mientras extienden la mano abierta con el codo doblado.

En el lenguaje oral empleamos distintas entonaciones.

En nuestro tiempo, los que no están al tanto de algunos códigos empleados por quienes usan el correo electrónico, no descifrarán que :-) es un signo que indica buenas noticias o simpatía, pues semeja una sonrisa, y que :-(indica malas noticias, pues semeja una cara con gesto triste, con las comisuras de los labios hacia abajo (gira la página 90° hacia la derecha para ver la boca y los ojos).

El circuito de la comunicación

Desde el punto de vista de la transferencia de la información, se logra un esquema que representa el pasaje de un mensaje de una persona a otra.

Cuando se responde a un mensaje, quien responde se transforma en el emisor y quien escucha o recibe se convierte en el receptor.

Una buena comunicación

Debe tenerse en cuenta que la comunicación eficaz hay que emplearla siempre para establecer buenos fines. Se puede ser un orador brillante, pero si el mensaje incita a la violencia, la discriminación, el odio, etcétera, aunque sea "correcto" desde el punto de vista del vocabulario, la sintaxis o la entonación, nunca será una comunicación buena, pues carece de ética y buenos propósitos.

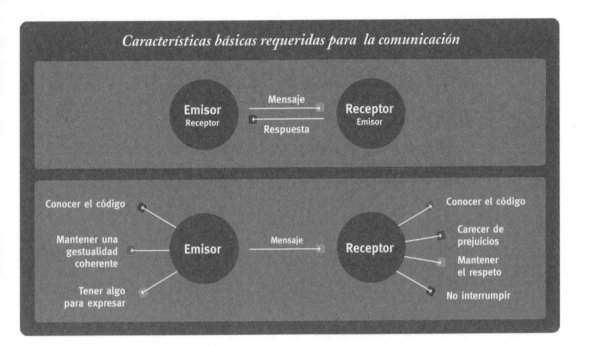

Características básicas requeridas para la comunicación

Emisor
Receptor

Mensaje →
← Respuesta

Receptor
Emisor

Conocer el código

Mantener una
gestualidad
coherente

Tener algo
para expresar

Emisor

Mensaje →

Receptor

Conocer el código

Carecer de
prejuicios

Mantener
el respeto

No interrumpir

Desde un punto de vista más formal, una comunicación también es buena si todos los elementos que participan en ella funcionan bien. Basta que uno solo falle para que el proceso entero fracase.

La retórica y el estilo

Esta disciplina, aliada tanto de la literatura como de la oratoria, constituye el arte del bien decir, de dar al lenguaje escrito o hablado el buen uso de las palabras, para deleitar, persuadir o conmover. En sentido familiar, el término se aplica burlonamente al exceso de palabrería.

El estilo es la manera personal de expresarse para comunicar un pensamiento. Si bien, en general, se suele hablar de estilo para la comunicación escrita, la comunicación oral también lo manifiesta.

Es decir, cada hablante se expresa con un estilo particular que refleja sus imágenes internas y las relaciones que él mismo establece con las palabras. Hay gente que llena sus frases de adjetivos, de lugares comunes, de términos en otros idiomas. Y hay personas tan parcas que nos gustaría sacudirlas para que dijeran una palabra de más, fuera de lo estrictamente necesario.

También, como veremos más adelante, el estilo debe adaptarse al interlocutor. La persona de hablar más florido deberá reprimirse si tiene que dar un examen de física.

El mensaje se distingue por ser vehículo de un valor en el que debe prevalecer el respeto.

Fallas en la comunicación

Aunque lo ideal es que el mensaje llegue sin interferencias al destinatario y que sea comprendido por éste, el proceso de la comunicación puede verse frustrado por diversos motivos.

"¿Soy claro?"

Si el emisor no se expresa con claridad, la comunicación es mala. Por ejemplo, si leemos este aviso: "Julián Gómez alquila una casa grande", podemos entender:

a. que ofrece una casa grande;
b. que busca una casa grande para alquilarla.

Esto se conoce en lingüística como **anfibología**. Es decir que

una anfibología es una **expresión ambigua que se presta para más de una interpretación**. Desde un punto de vista más formal, una comunicación también es buena si todos los elementos que participan en ella funcionan bien. Basta que uno solo falle para que el proceso entero fracase.

También es faltar a la claridad mezclar varias ideas en una misma oración, como si no se continuara con el comienzo porque otra idea vino a la mente. Véase el siguiente ejemplo:

Aquél, de buenos abrigo,
amado por virtuoso
de la gente,
el maestro don Rodrigo
Manrique, tanto famoso
y tan valiente;
sus hechos grandes y claros
no cumple que los alabe,
pues los vieron,
ni los quiero hacer caros
pues que el mundo todo sabe
cuales fueron.

(Jorge Manrique, Coplas a la muerte de su padre)

Para que la comunicación sea efectiva, el emisor debe expresarse con claridad.

En este ejemplo es muy claro que la emoción embargó tanto al poeta que, en lugar de decir que estaba de más alabar a su padre pues tenía buenos amigos, era virtuoso y valiente, perdió el hilo y con él la claridad. Claro que ganó en expresividad y logró destacarse por su estilo.

Ahora bien, teniendo en cuenta que los mensajes escritos, más si se trata de textos literarios, se corrigen varias veces, no es común encontrar faltas de claridad. Pero ¿qué pasa cuándo hablamos y vamos improvisando nuestro discurso a medida que lo producimos?

"¿Quién? ¿Cómo?"

También fallará la comunicación si el emisor olvida partes importantes de su mensaje. No nos referimos a personas con problemas de memoria, sino a hechos mucho más comunes, cometidos a diario, como no mencionar el sujeto. Si en una fiesta alguien observa a una pareja que baila y dice "Baila muy bien", ¿a quién se refiere? ¿A ella? ¿A él? ¿A ambos como pareja? En tal caso, debió decir "Esa pareja baila muy bien", o "Ella baila muy bien", etcétera.

Es verdad que, muchas veces, el sujeto de una oración puede deducirse del contexto: seguramente en la escena que describíamos más arriba, uno de los dos bailarines se desempeñaba mejor que el otro.

> ### *Fallas en el código*
>
> Hacia 1940, en una localidad de la Argentina, recibieron con honores a un príncipe italiano. Era verano, y en esos tiempos no existía el aire acondicionado. El príncipe fue homenajeado con un almuerzo en el salón de un palacete, cuyas ventanas estaban cerradas para que no entrara el aire caliente de afuera.
> A poco de comenzar a comer, el visitante dijo "Fa caldo" ("hace calor", en italiano), y los organizadores inmediatamente le hicieron servir un plato de caldo humeante. Inmediatamente el invitado repitió "¡Fa caldo!", y otra vez apareció un plato de caldo frente al acalorado príncipe. En total, cuatro platos de caldo.

También los gestos y el tono de voz aportan significados que, si nos remitiéramos solamente al mensaje oral quedarían poco claros. Por eso, estos olvidos son frecuentes, pero no se ocasionan por falta de memoria. Sucede que el hablante, la mayoría de las veces, no sabe a ciencia cierta cuáles son los datos con los que cuenta el receptor para "reponer" las palabras faltantes.

En la expresión oral o escrita, no deben olvidarse los sujetos de la oración.

¡El sinvergüenza me mordió!

¿Quién la mordió? ¿El cachorro o su novio?
Para ser más claros, evitemos las anfibologías.

El contexto es lo que rodea social, histórica y culturalmente a un hecho comunicativo.

"Sí, pero no…"

Otro elemento que entorpece enormemente la comunicación eficaz es la falta de coherencia. Supongamos esta situación: una joven va al salón de belleza y le dice al peluquero que desea cambiar el color de su cabello y agrega esto: "No me gusta como me quedan los rizos, así que hágame una permanente y no me tiña el cabello". El mensaje tiene tantas contradicciones que no se puede interpretar.

"¿Distraído yo?"

Un receptor distraído no comprenderá bien. A veces, en escuelas y universidades, las lecciones de los profesores se pierden en un alto porcentaje porque los alumnos se distraen con otras actividades, como copiar algo para la clase siguiente, terminar una tarea o conversar con un compañero. Por atender varias cosas al mismo tiempo, se producen fallas en la comunicación. Lo mismo ocurre cuando estamos somnolientos o muy fatigados: el mensaje podrá estar bien emitido, pero falla la recepción.

"Bajito, bajito…"

Si hablamos como susurrando, en voz muy baja, habrá fallas en la comunicación. Además, como veremos en el capítulo dedicado a la voz, el hablar con un volumen muy bajo revela a una persona muy tímida o poco segura de lo que está diciendo. Si estamos en una reunión y le susurramos algo al oído a nuestro vecino, será interpretado como una falta de educación por los demás.

"¿Qué? ¡No te oigo!"

El **canal** es el **medio por el cual se transmiten los mensajes**. Pueden ser el aire (cuando hablamos), un papel (si escribimos), una radio, un teléfono, etcétera. Si deseamos confiarle algo a alguien de manera verbal, no podremos emitir bien el mensaje si elegimos como lugar para hacerlo una confitería con música a todo volumen. Acá la falla estará en el canal. Si debes establecer una comunicación importante por teléfono, procura que el aparato esté ubicado en un lugar sin ruidos ambientales fuertes, como suele ser una calle muy transitada: el ruido de los vehículos dificultará la recepción, no se oirá bien, y el mensaje no se "retroalimentará", es decir, emitirás, pero no podrás saber la respuesta de quien lo recibe, o si lo ha comprendido.

"¡Desubicado!"

El código empleado debe ser adecuado a la situación, teniendo en cuenta el contexto y el destinatario. Esto quiere decir que no hablamos de la misma manera con un amigo íntimo, o con un profesor, o el jefe de la oficina. Si un amigo alaba una película que nos pareció horrorosa, le podemos decir: "¿Qué te pasa? ¿Tomaste pintura? ¡Es una porquería!", pero a un profesor le diremos "Bueno, a mí no me gustó...". Si viajamos en un vehículo público y vemos que sale fuego del motor, no diremos "Por favor, señores pasajeros, es mejor que vayan saliendo ordenadamente porque se ha producido un incendio", sino algo mucho más breve y contundente, ya que la situación lo amerita.

El canal escogido para la comunicación debe ser el apropiado para que el mensaje llegue.

¡¿Si quiero ser tu qué?!

Comunicación agresiva

A nadie le gusta que le digan de manera imperativa "tienes que..." o "debes hacer...". Estas frases es mejor reemplazarlas por "creo que ...", o "piensa si no puedes..." Debe evitarse todo tipo de gestos amenazantes, y hay que abstenerse de colocar la cabeza y los hombros hacia atrás, estilo "gallo de pelea".
Jamás deben violarse los derechos que todas las personas tienen. Todos tienen derecho a decidir por sí mismos, a rectificarse, a decir que no, a expresar sus emociones y sus pensamientos, a tener sus propias ideas o creencias.

También es agresivo hablar siempre a los gritos, mirar despectivamente al interlocutor o poner motes como "la gorda", "el cuatro ojos" (por los que usan lentes correctivos permanentes), mirar hacia otro lado cuando nos hablan, usar palabrotas, demostrar impaciencia con gestos (como mirar el reloj continuamente) entre otros ejemplos.

Tipos de comunicación

Hay distintas maneras de clasificar la comunicación. Las más comunes son las que se realizan teniendo en cuenta el código empleado, y la relación entre el emisor y el receptor.

Clasificación según el código empleado

Lingüística escrita

Es la que se establece cuando empleamos un código lingüístico escrito; por ejemplo, una carta, un telegrama, un mensaje de correo electrónico, una postal, una nota, etcétera.

Por lo general, conocemos al receptor.

Lingüística oral

Es la que empleamos cuando hablamos, ya sea una conversación entre amigos, una plática formal, una clase especial, una conferencia, una entrevista, y otros intercambios. Conocemos al interlocutor, y sus intervenciones pueden modificar el rumbo de nuestro mensaje, con aclaraciones, explicaciones, refutaciones, etcétera.

No lingüística visual

Se trata de comunicaciones en las que no empleamos palabras, sino sólo imágenes, como las señales de tránsito, los semáforos y otras. Por lo general, estos mensajes intervienen en la dirección de la conducta de las personas. Su intención es lograr que el receptor haga algo: no estacione en este lugar, se detenga porque hay peligro, siga la ruta de evacuación (o salida), disminuya la velocidad en proximidad de un hospital, etcétera. Están dirigidos a todo tipo de personas, por lo que son fácilmente decodificables, y su autor suele ser anónimo.

Distintas interpretaciones de una misma imagen

Hace unos años, en Australia, había una publicidad televisiva de venta de tierras en un barrio privado. Se veía una casa con un enorme jardín rodeado por una valla. En el jardín almorzaba una familia tipo australiana. Sólo al final aparecía el letrero "Barrio XX". Lo curioso fueron las interpretaciones de esa imagen: los nativos autralianos se quejaron porque mostraban a una familia anglosajona, y se sintieron discriminados pues en la publicidad, en general, no se tiene en cuenta a los nativos.

Los ancianos protestaron porque se habían olvidado de ellos. Los comunistas dijeron que el barrio y hasta la valla eran abusos de la sociedad capitalista. Y un habitante de una gran ciudad observó que no se sentiría seguro con tanto espacio libre alrededor.

Como se ve, el lenguaje sigue siendo prioritario. Ninguno de los que protestaron hubiesen podido hacerlo sólo con imágenes.

No lingüística gestual

Es muy común en la vida diaria. Son esos gestos con los que comunicamos cosas, como cuando golpeamos con la palma de la mano un asiento libre a nuestro lado para que alguien se siente en él, o llevamos un dedo a las sienes y lo giramos, como que "se le perdió un tornillo", y otros. Como emisor y receptor están en contacto, no hay un real anonimato: podemos desconocer el nombre del receptor, pero al menos lo tenemos a la vista.

No lingüística acústica

Se establece cuando el código es un sonido. Una bocina de automóvil indica que pide paso, las campanadas de una iglesia que llaman a misa, el timbre de una escuela que indica el recreo, etcétera. Hay un conocimiento muy vago del receptor, sólo genérico, como "automovilistas apurados", "feligreses" o "alumnos y profesores".
Lo mismo ocurre con el emisor: automovilista apurado, campanero, personal del establecimiento educativo, etcétera.

Clasificación por la relación entre el emisor y el receptor

Comunicación personal

Es la que se establece cuando los interlocutores se comunican sin mediaciones, ya sea en una conversación, una conferencia o hablando por teléfono. Se trata de una comunicación sincrónica

Cualquiera sea el código empleado, deben aplicarse reglas de cortesía: no ofender, no invadir, saludar toda vez que el código lo permita, etcétera.

El doctor no se ofenderá. Muéstrale la lengua. tesoro...

En la comunicación gestual, cada gesto debe ser claramente decodificable.

(que ocurre al mismo tiempo), donde el emisor puede pasar a ser receptor y viceversa, pues hay intercambio, excepto cuando se emite un discurso y no hay posibilidad de diálogo.

Comunicación por medios no interactivos

Los medios no interactivos son aquellos en los que el mensaje no puede ser respondido por el receptor, como los libros, la radio, la televisión, los diarios, etcétera. En ella hay que extremar la claridad del mensaje, ya que no podremos darnos cuenta si se ha comprendido. Debe prevalecer la coherencia, adecuarse al presunto tipo de receptor (no emplear lenguaje científico para todo público, por ejemplo), y conviene elaborar un plan que contemple el orden de la exposición.

Comunicación por medios interactivos

Es la que se desarrolló a partir de la aparición de Internet y la posibilidad de intercambio de

mensajes con un receptor generalmente anónimo. El mensaje –que pudo haberse enviado con mucha anterioridad– es recibido por el receptor, quien puede modificarlo o no, o interactuar, como cuando se recibe una oferta para comprar algo a través de la pantalla de una computadora y el receptor decide hacerlo y envía algunos datos.

También es interactiva la comunicación de "chateo", que consiste en que dos o más personas, comunicadas a través de Internet, pueden escribir mensajes que son recibidos en pocos segundos por otras personas. Quienes tienen equipos adecuados, pueden hablar a través de la red de Internet con cualquier persona de cualquier lugar del mundo. Pero aquí se trata, más bien, de una comunicación que sigue las pautas de la telefónica.

Recibió un e-mail anónimo ofensivo...

Para vencer el temor...

› *Métodos de relajación.*

› *El humor y la autoestima.*

Para sobreponernos a las sensaciones de estrés que provoca hablar ante otros, debemos echar mano de dos tipos de recursos: aquellos que favorecen la relajación y aquellos que ayudan a aumentar la autoestima. Éstos, además de favorecer nuestro desempeño en estas situaciones, nos ayudarán a superar múltiples circunstancias de la vida.

El miedo a hablar en público
Cosquillas en el estómago

¿Te da miedo hablar en público? No estás solo en eso. Para muchas personas, hablar en público provoca ansiedad y hasta miedo. Sin embargo, hay algunos métodos para sentirse bien y lograr el éxito.

Te comunicas desde siempre

Aun para los más avezados, hablar en público impone respeto. Todos, de alguna manera, deseamos ser aceptados y valorados y tenemos temor de no ser comprendidos, incluso de hacer el ridículo.
Poder hablar bien en público es una habilidad a la vez innata y adquirida. Reparemos en esto: todos nos comunicamos, todos podemos mantener una conversación con alguien, con nuestros familiares y amigos, con vendedores, cuando hacemos un trámite, etcétera. La persona más tímida puede realizar esas comunicaciones sin traumas. Vale decir, la capacidad de comunicarse verbalmente es innata.
Pero también podemos adquirir ciertas habilidades para poder afrontar y mejorar una comunicación oral. Veamos algunas estrategias.

Hay que sentirse bien

Si debes ejercitar una comunicación que te provoca algún temor, lo primero es que te sientas cómodo con tu aspecto. Vístete de manera confortable, y ni demasiado "de fiesta" ni muy "opaco". Nada de ropas que dificulten tus movimientos, ni zapatos de tacones muy altos o

Habla muy bien. Lástima que sea tan tímido.

de hormas estrechas (por supuesto, no te conviene estrenar zapatos ese día). Usa accesorios que no molesten: no a las pulseras que hacen ruido si movemos las manos, no a las gargantillas que presionan el cuello. La corbata no debe estar muy ajustada. Evita la ropa de lana si ésta te provoca escozor (¡imperdonable rascarse en público!). Una minifalda puede estar de moda y quedarte muy bien, pero si te va a torturar cuando te sientes y vas a estar pendiente de estirarla hacia abajo..., no te pongas minifalda para esa ocasión. Péinate de manera elegante pero sencilla: un peinado muy artificial te hará sentir raro, y debes sentirse, más que nunca, que eres tú mismo. Evita también "bañarte" en perfume. Unas pocas gotas bastarán. ¿Alguna vez pensaste que tu perfume favorito puede provocarle alergia a otra persona? ¿Y si fuera a un profesor durante un examen?

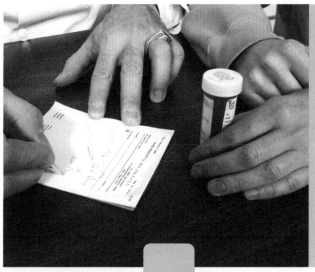

Si tienes síntomas de ansiedad jamás te automediques; acude a un médico.

Es importante que tengas una apariencia natural, ya que cualquier look demasiado estrafalario podría generar prejuicios en tu interlocutor, y tú quieres ser juzgado por lo que dices y no por cómo luces.

¡No a los fármacos!

Muchas personas aconsejan, desaprensivamente, "tómate esta pastillita para los nervios". Pero jamás, por ningún concepto, debes automedicarte.

La ansiedad extrema puede desencadenar dolores de cabeza, insomnio, diarrea, tensión muscular o mareos. Ante estos síntomas, acude a tu médico. Puedes ayudarte de una manera natural con una dieta sana, evitando el café (es excitante y es posible reemplazarlo por infusiones de hierbas, como manzanilla o tilo), y permaneciendo en un lugar agradable, con música suave y poniendo en un hornillo unas gotas de aceites esenciales.

Métodos de relajación

Si tu problema son los nervios, tranquilo, hay muchas formas de alejarlos, combatirlos, erradicarlos para siempre de tu mente... Aunque, claro, seguramente te conformarás con manejarlos sin que los otros se den cuenta.

La timidez

Tranquilo, nadie te juzgará tan severamente como tú mismo.

Es un sentimiento universal, pero no todas las personas son tímidas en los mismos aspectos. Alguien puede ser muy deshinibido para bailar, pero se aterra si debe presentarse en público. Otros sólo se sienten cómodos si se comunican con personas conocidas, pero les da temor hablar con un extraño...

Al que es muy tímido, le sudan las manos, se le ofusca la mente, puede manifestar torpeza en sus movimientos, tartamudear, o sentir que las mejillas "son un fuego". Algunos estudiosos opinan que lo que aterroriza al verdadero tímido no es el otro, sino la propia imagen de derrota emocional. El tímido no cesa de observarse a sí mismo, de ver sus reacciones, porque teme no estar a la altura de la imagen que quiere dar de él mismo.

Si eres muy tímido, recuerda que todos tenemos defectos, que "errar es humano". Aprende a perdonarte esos defectos, que seguramente no serán tantos ni tan graves como los sientes. No te juzgues con severidad.

Usa tu mente

A muchas personas les da muy buen resultado visualizar la situación que van a vivir, pero poniéndola en positivo. Tú puedes probarlo: para ello, debes hacer lo siguiente:

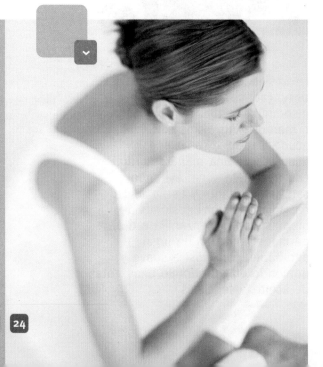

- Asegúrate de que no te interrumpirán. Si es preciso, desconecta el teléfono y escoge el momento en que tu familia no te dará charla ni te solicitarán nada.

- Siéntate en un sillón o una silla cómodos. Si lo deseas, puedes poner un poco de música muy suave y no cantada, pues la voz puede distraerte.

- Si esto te ayuda, pon un sahumerio con tu fragancia favorita.

- Cierra los ojos y respira lentamente.

- Imagina que tienes una pantalla un poco más pequeña que la de un cinematógrafo frente a ti; en ella vas a "proyectar" un filme imaginado por ti.

- Debes verte a ti mismo hablando en público o dando el examen, muy relajado.

- Observa cómo te escuchan con interés, mira sus expresiones: ellos te miran con simpatía y, a la vez, concentración.

- Agrega detalles: el lugar, el mobiliario, tu vestimenta, los colores y los olores que percibes.

- Imagínate finalizando la exposición y cómo te felicitan.

- Mira ahora cómo agradeces ese elogio y te despides con la sensación de haber logrado un éxito.

- Repite, el proceso, si lo crees necesario, hasta **sentirlo**.

- Respira lentamente y abre los ojos. Tu subconsciente se encargará de "cumplir" la visualización.

Cualquier visualización placentera te ayudará a relajarte.

¡No conversen o les pongo un uno!

No converso es mi estómago...

GRRR

Visualizaciones que relajan

Investigaciones realizadas en la universidad de Harvard demostraron que una buena relajación y visualización hacen descender la frecuencia cardíaca: el corazón, así, trabaja menos. Las ondas cerebrales se vuelven más lentas y calmadas. Las glándulas de secreción interna trabajan de modo que liberan sustancias que reducen la ansiedad. En general, si la relajación y la visualización se hacen como hemos expuesto, se logrará disminuir el metabolismo, lo que ocurre habitualmente tras ¡cinco horas de sueño!

La respiración que relaja

Para los pueblos de Oriente, el nutriente más importante se encuentra en el aire. Se llama *prana* en la India y *chi* o *ki* en China. El prana o chi es una enorme energía que da vida. Cuando una persona tiene energía *pránica*, irradia vitalidad, fortaleza, confianza. ¡Todo esto es gratis, y sólo se trata de respirar!

Normalmente, no prestamos atención a nuestra respiración. Inhalamos el aire por la nariz, luego lo exhalamos, y listo. Podría decirse que no nos enteramos de que estamos respirando. Sin embargo, una respiración consciente y profunda no sólo relaja la mente y el cuerpo, sino que también aporta más oxígeno a todo el organismo, con lo que tu memoria se verá favorecida.

Se aconseja respirar profundamente en muchas disciplinas, como el yoga. La respiración yoga es excelente practicarla antes de dar un examen, iniciar una charla, o cualquier otra situación que nos tensione. Por supuesto, conviene practicarla antes de ese examen o charla pública. Y si lo haces a diario toda tu vida, mucho mejor.

El metabolismo es el conjunto de cambios físicos y fisiológicos de las células vivas.

¿Viste que el aspecto de las personas de Oriente parece no evidenciar los años que tienen? Bien, una de las razones de ese aspecto "intemporal" es que respiran bien.

Aprendamos a respirar

Para aprender a respirar profundamente, sigue estos pasos.

🔹 Como cuando te dispones a visualizar, elige el momento en que no te distraerán, pon música suave, o un sahumerio (si eso te ayuda a relajarte).

🔹 Siéntate en un sillón o una silla cómodos (una vez que aprendas lo podrás hacer de pie, acostado, etcétera). No cruces las piernas. Cierra los ojos. A partir de ahora sólo deberás concentrarte en el aire que ingresará a tu cuerpo.

🔹 Cuando inhales, no muevas las aletas de la nariz. El aire debe penetrar en tu cuerpo poniendo en acción el área de la faringe. Esa zona es la que conecta la boca con la nariz y prolonga las aberturas nasales que terminan detrás de la parte blanda del paladar. No es nada complicado, pues de esta manera respiramos intermitentemente cuando dormimos. Y si dudas, observa cómo respira alguien que duerme. Nota su ritmo, su sonido. Ese mismo sonido lo producirás inspirando y llevando el aire a la zona de la faringe.

🔹 Inspira muy lentamente y relajando el cuello, la mandíbula, los hombros. No te esfuerces, solamente respira lentamente.

🔹 Mientras inspiras, repara en que la zona de las costillas se va ensanchando (puedes poner las palmas de las manos en las costillas para notarlo más).

🔹 Procura no mover el pecho. Solamente las costillas se expandirán. Retén el aire unos segundos sin forzarte. Imagina que ese oxígeno se distribuye por todo tu cuerpo, lo limpia, le da energía.

🔹 Exhala lentamente por la boca. Deberás notar cómo tus costillas se contraen, empezando por las de arriba.

🔹 Al terminar de espirar, oprime ligeramente el estómago o, como se dice vulgarmente, "entra la panza", para expulsar todo el aire.

Una buena respiración reduce la ansiedad y oxigena el cerebro.

La práctica de yoga ayuda a mejorar la respiración y a disminuir el estrés.

Practica no más de cuatro o cinco veces al principio. Luego intenta hacer esa respiración en otra posición: sentado en una banqueta, acostado, de pie. Pero recuerda: no te esfuerces y, cuando lo hagas, sólo concéntrate en el aire que ingresa a tu cuerpo y lo purifica.

Respirar bien levanta el ánimo

Quizá pienses: "Todo esto de sentarme y respirar está bien, pero no puedo encender un sahumerio o poner música suave cuando estoy por dar examen".

¡A practicar!

Cuando practiques respiración y relajación, usa ropas holgadas y abrígate un poco, pues suele bajar la temperatura corporal.

Practica el ejercicio anterior dos veces más. Sólo dos veces más el primer día. No te esfuerces, pues si lo haces, puedes sentirte mareado. Al repetir, recuerda tener la espalda derecha, las piernas descruzadas, la mandíbula relajada. Al día siguiente, practica una variante. En esta segunda práctica de respiración profunda, vas a contar mentalmente. Inspira en cuatro tiempos (repite mentalmente 1, 2, 3, 4, de manera lenta). Retén en dos tiempos (cuenta 1, 2). Expulsa el aire en cuatro tiempos (cuenta 1, 2, 3, 4). Has hecho una respiración rítmica. ¿Cómo te sientes luego de hacerla? Seguramente notarás que estás menos nervioso y que, al concentrarte esos minutos en el aire, tu mente se "limpió" de preocupaciones. Y, sin duda, ese oxígeno bien aspirado te servirá en toda situación de estrés.

La buena respiración como ayuda práctica

Quizá lo más importante de una buena respiración sea el momento de exhalar el aire. La energía se renueva mejor por la expulsión metódica del aire de los pulmones que por los movimientos forzados de la inhalación.

Cuando realices un esfuerzo físico (caminar a paso vivo, transportar algo pesado, subir una escalera, practicar algún deporte), aumentarás tu vigor y resistencia si *prestas* atención a cómo exhalas. La próxima vez que debas realizar un esfuerzo, prueba lo siguiente: llena bien los pulmones y contén la respiración mientras haces el esfuerzo. Cuando subas una escalera, inspira en los dos primeros escalones, y exhala en los dos siguientes. Notarás que puedes subir tramos más largos si lo haces. Si deben darte una inyección, inhala y, en el momento en que te clavan la aguja, exhala profundamente. Apenas sentirás el pinchazo.

Tienes razón, por eso vas a hacer estos ejercicios. Sentado, con la espalda derecha, echa los hombros hacia atrás y espira todo el aire que aún tienes en los pulmones. Ese aire está cargado con gas carbónico y debes desembarazarte de él. Necesitas oxígeno, así que inhala profundamente. Espira lentamente por la nariz. Repite una docena de veces.

El oxígeno te habrá dado sensación de plenitud y de buen ánimo y puedes hacerlo en clase, en un medio de transporte o en la antesala del dentista.

Consejos para dormir bien

Si bien estos consejos son útiles para todos los días del año, resultan indispensables para aliviar situaciones de tensión, especialmente cuando debemos "rendir" de manera óptima al día siguiente.

- Ventila tu habitación durante el día. Antes de acostarte, cerciórate de que esté tibia, sin ruidos molestos, y sin luz.

- No comas nada por lo menos dos horas antes de ir a la cama. Tu cena deberá ser suficiente pero no pesada. No bebas alcohol, café, té, refrescos cola o licores, pues son estimulantes.

- Asegúrate de que tu colchón sea cómodo, que le brinde un buen apoyo a todo tu cuerpo.

- ¡No fumes! Procura no mirar televisión, pues puedes tensionarte con escenas de violencia o con argumentos con mucho suspenso.

- Toma, antes de acostarte, un baño tibio, no caliente.

- Una vez acostado, respira profunda y lentamente, como aprendiste en este libro.

- Visualiza algo placentero, por ejemplo, que estás en tu lugar favorito (o inventa uno, como acostado en una nube o flotando en el espacio: lo que te resulte más agradable). Debes verte disfrutando, sólo disfrutando.

- Si aun así no puedes dormir, (¡y ya probaste contar ovejitas!) cuenta de manera regresiva del 100 al 1..., y vuelve a practicar respiración y relajación. Todo esto, realizado de manera serena, no te tomará más de 15 minutos.

Si llegas a contar hasta un número considerable sin dormirte..., ¿por qué no pruebas con otro método?

El humor y la autoestima

**Si los ejercicios de relajación han surtido buen efecto,
es tiempo de pensar cómo encarar el momento tan temido.
Para ello, el humor y la autoestima deberán ser nuestros aliados.**

Sonríe, por favor

Cuando ingreses al sitio donde darás tu exposición, observa unos segundos a la gente, luego sonríe y salúdalos de manera cordial y respetuosa. Si se trata de una situación de examen o debes enfrentar a una sola persona, sonríe y saluda brevemente con un "buenos días" o "buenas tardes". Estarás "rompiendo el hielo".

El helicóptero de Caperucita

Una sonrisa es tu mejor tarjeta de presentación. Uno de los temores de los expositores novatos es pensar que lo que van a exponer puede aburrir, porque ya es conocido. En un libro sumamente interesante de Gianni Rodari, llamado *La gramática de la fantasía*, se propone el siguiente ejercicio. Se le pide a un grupo de niños que hagan un relato original usando estos vocablos: niña, madre, abuela, bosque, lobo, leñador. La primera reacción de los niños, probablemente, será pensar que eso ya está escrito y se llama *Caperucita Roja*. Pues bien, se le agrega a la lista una palabra más: niña, madre, abuela, bosque, lobo, leñador... y helicóptero.

El desafío es: ¿quién usa el helicóptero? ¿Caperucita? ¿El lobo? ¿El leñador? Cada una de las variantes origina otro cuento. Por lo tanto, si tu temor para esa clase especial es que el tema puede ser aburrido... ¡agrega un helicóptero! Busca algo original, un punto de vista distinto, tuyo. Supongamos que debes hablar del emperador Nerón, el que incendió Roma. Antes habrás buscado datos, te habrás informado lo suficiente. Pues bien, busca algo distinto: por ejemplo, a Nerón le gustaba actuar en público. No como emperador, sino como actor.

"Conócete a ti mismo"

La frase se atribuye a Sócrates, filósofo griego del siglo V antes de Cristo. Y no ha perdido vigencia. Quizá el principal secreto para hablar en público sin inconvenientes sea ser uno mismo. No intentes imitar a nadie. Debes ser tú mismo, con tus virtudes y tus defectos. Todos tenemos defectos, pero ellos pueden ser nuestros aliados.

¿Eres tímido? No intentes parecer Superman. Recuerda a los tímidos que hicieron historia, desde el inefable personaje de Carlitos Chaplin a Woody Allen. Si piensas que todos te consideran poca cosa..., te llenarás de rencor o actuarás como poca cosa. Cuando te llenas de rencor, tu mirada, tus gestos revelarán hostilidad. Si actúas como poca cosa..., es posible que hables y no te tomen en cuenta.

Los demás tienden a juzgarnos de manera similar a como nos juzgamos a nosotros mismos.

Si pensamos que somos encantadores, es muy probable que los demás estén de acuerdo. No quiere decir esto que podamos inventar una personalidad atrayente sólo con pensarlo. No. Lo que deberías hacer es aumentar tu autoestima, fijarte detenidamente en tus cualidades, "hacer pie" en ellas, quererte, aceptarte.

Para mejorar la autoestima

El primer paso para alcanzar una autoestima más elevada es aceptarse a uno mismo. Esto no significa que te deba gustar todo de ti mismo, sino que consiste en reconocer y admitir tanto los elementos positivos como los negativos de tu personalidad. Lo que sientas de tu apariencia física puede entorpecer injustificadamente tu autoestima.

Busca algo original, un punto de vista distinto, tuyo.

Practicar la honestidad y la honradez hace que aumente nuestra autoestima.

Recuerda que muchos de los "modelos" de belleza suelen estar fundados por razones estéticas..., pero muchos también por cuestiones comerciales. La publicidad y la televisión pueden hacernos creer que no cumplimos con el canon de belleza establecido. No caigas en esa trampa. Si solamente triunfaran los sumamente bellos, ni Einstein, ni Washington, ni Churchill, ni Bill Gates habrían llegado a donde llegaron.

La autoafirmación

Autoafirmarse consiste en valorar y respetar las propias ideas. Lo que haces es importante, porque es fruto de tus decisiones. Nadie está tan sometido a las circunstancias como para vivir según expectativas ajenas. Autoafirmarse es, en definitiva, ser fiel a uno mismo, ser auténtico.

Autofirmarse es ser coherente en acciones que no vayan en contra de tus principios.

Esto significa ser coherente en acciones, que serán aquellas que estén en función de tus propios valores. Cada vez que hacemos algo que va en contra de nuestros principios, nos sentimos mal con nosotros mismos, y nuestra autoestima se resiente. Practicar la integridad en todas las áreas de tu vida (trabajo, familia, amigos, etcétera) te ayudará a lograr una mayor autoestima.

Miedo al qué dirán

Es posible que afirmes que no te importa el qué dirán. Pero, si tienes temor a mostrarte "en público", es posible que sí te importe el qué dirán. El miedo al qué dirán se basa en la opinión que tienen los demás sobre tu persona, y se relaciona con una imagen desvalorizada de uno mismo. Si para sentirte bien necesitas que otros te alaben o piensen que eres genial..., te importa el qué dirán. No permitas que sean los otros quienes decidan acerca de tus valores. Desarrolla una imagen lo más positiva posible.

Para esto, tienes que conocerte, valorar tus virtudes y cualidades, y relativizar las opiniones que de ti tengan los demás. Nadie pretende que seas soberbio, sino que escuches con atención, atiendas las críticas constructivas y las aceptes con humildad, pero no te atengas totalmente a la opinión de los demás. Recuerda que todos podemos equivocarnos...

El lenguaje del cuerpo

> *El cuerpo entra en acción.*

> *Cuidado de posturas y gestos.*

Conocer lo que expresa el lenguaje corporal ayuda a aprender más sobre uno mismo y a mejorar las relaciones con quienes nos rodean. Además, brinda las bases para poder hablar en público sin expresar con nuestro cuerpo mensajes contradictorios.

Cuidado de posturas y gestos

El cuerpo también habla

En la comunicación eficaz, no todo son palabras. Puedes hacer esta prueba: mira televisión sin sonido. ¿No es cierto que puedes comprender la índole de un personaje aunque no lo oigas hablar? Esto sucede porque más del 70 % de nuestros mensajes dependen de la expresión corporal.

La importancia de la primera impresión

Estás en una reunión y ves que alguien se mantiene con el mentón casi pegado al cuello, los hombros hundidos, la columna encorvada. Tu primera impresión

es que esa persona está agobiada por algo, o que es muy tímida. Si al lado de ese individuo se encuentra otra persona con la columna bien derecha, los hombros alineados, la cabeza erguida, y mueve las manos con energía, sospecharás que el agobiado está recibiendo un reto. Observa, de paso, que los animales también se "encogen" cuando se los reprende, como lo saben bien quienes tienen un perro como mascota: al reprenderlo, se pliega sobre sí mismo, hunde la cabeza, pone expresión compungida.

Por lo general, a los tres o cuatro minutos de conocer a una persona, podemos decidir si nos agrada o no, si nos parece sincera, confiable, amigable, o si no queremos seguir en contacto con ella. Esta primera impresión es difícil de cambiar, pues ello equivaldría a hacer nuevamente una evaluación y admitir que pudimos equivocarnos. Y si no, recuerda la primera impresión que tuviste al conocer a un amigo, a un profesor, a un compañero de estudio. Esa "corazonada" que nos hace acercarnos a una persona y no a otra en una reunión, un club, una universidad, se basa, fundamentalmente, en la primera impresión.

Los investigadores han estimado que alrededor del 55 % de la comunicación se realiza mediante el lenguaje corporal; un 35 % corresponde al tono de voz, y el resto, al mensaje oral. Imagina que estás en una exposición y quieres saber en qué lugar puedes hallar un determinado *stand*. No hay nadie del servicio de información. ¿A quién le preguntas? ¿Le preguntarías a alguien que tiene el ceño fruncido y habla a gritos? ¿O lo harías a una persona que parece relajada y afable?

El estudio científico del lenguaje corporal se llama kinesia. Ésta analiza los movimientos corporales y su significado deliberado o inconciente.

El encuentro con los otros

Aunque lo tomemos como un hecho de los más cotidianos, encontrarnos con otra persona es una de las cosas más complejas y difíciles de entender de la vida. En ese momento, un montón de señales se disparan inconscientemente y comienza, a través de los gestos corporales, el intercambio de mensajes. Estos mensajes, recíprocamente, generan sensaciones en el otro, ya sean de simpatía o de repulsión.

Es importante destacar que es más fácil interpretar el lenguaje de los gestos en personas jóvenes, ya que, con el paso de los años, los gestos de los adultos se vuelven más elaborados. Es decir, puede ser que una mujer sepa que cierta mirada parece seductora, y la repita hasta el hartazgo; cosa que no sucede en los niños, que son completamente espontáneos.

El cuerpo entra en acción

Seguramente, creerás que las palabras son tu medio más eficaz para comunicarte; pero es probable que no consideres cuánto le aporta tu cuerpo a los mensajes que quieres transmitir. ¿Deseas saber qué dices con cada gesto? La boca, los ojos, los brazos, los pies... Todos comunican.

La comunicación verbal

La expresión de algunas emociones se acompaña, invariablemente, con un gesto.

La comunicación verbal está formada por cadenas de palabras, llamadas signos por los lingüistas. Para poder emitir un mensaje oral, realizamos un proceso bastante complejo, un proceso intelectual. Pero muchas veces sentimos que no encontramos las palabras adecuadas para expresarnos. Eso ocurre, principalmente, cuando están involucrados los sentimientos y las emociones. O cuando debemos hablar de la consistencia de algo, por ejemplo, un flan: casi todos movemos las manos cuando decimos "blandito", o que algo es "vaporoso". ¿Acaso se puede decir que un bebé es "amoroso" sin ninguna expresión, como si uno fuese un jugador de póquer? El lenguaje hablado expresa una mínima porción de lo que queremos comunicar. Una parte muy importante del mensaje depende del tono con que lo digamos. Una misma frase se "tiñe" de distintos significados según ese tono. Piensa en un "Te quiero tanto" dicho con amor, y esas mismas palabras dichas con ironía, o con tono de pregunta, que en el lenguaje escrito se manifiesta así "¿Te quiero tanto?". Se trata de tres mensajes diferentes, y, en los dos últimos (ironía y pregunta), el tono contradice a las palabras.

Los gestos, a su vez, dicen casi tanto como el tono. Un "te quiero mucho" dicho con los dientes apretados, contradice el mensaje oral.

¡Fuera, al jardín!

Cada parte del cuerpo tiene su lenguaje

Para los fines prácticos, dividiremos el cuerpo en "sectores", pero hay que tener en cuenta que se trata de un todo. La cabeza, los ojos, las cejas, el cuello, los brazos, las manos, la columna vertebral, el apoyo de los pies (pararse cargando el peso en un pie o en los dos), el cruce de piernas, etcétera, forman un conjunto que le "dice" al que observa muchas cosas, aunque no seamos conscientes de ellas. Es muy importante que lo que exprese nuestro cuerpo esté en concordancia con nuestras palabras, y que éstos (gestos y palabras) se correspondan con el pensamiento. Hay que intentar hacerlo, ya que mantener un equilibrio entre esos tres aspectos aumenta nuestras posibilidades de desenvolvernos con éxito, tanto en nuestras presentaciones en público como en nuestras relaciones interpersonales. Sentir una cosa, decir lo contrario y expresar corporalmente otra cosa completamente diferente nos produce un "atascamiento" interno que entorpece el fluir de las relaciones.

Existe una conexión entre mente y cuerpo, del mismo modo que hay una relación entre los mensajes corporales y las emociones reprimidas. Saber más sobre el lenguaje del cuerpo puede ayudarte a expresar lo que realmente quieres decir y, sobre todo, a darte cuenta cómo son los otros y si son sinceros contigo.

Las diferentes partes de nuestro cuerpo forman un todo, y este "todo" irradia una actitud que dice más que nuestras palabras.

¿Qué transmite la cabeza?

La cabeza y, principalmente, el rostro son capaces de transmitir la mayoría de nuestras emociones, incluso aquellas que conscientemente trataríamos de disimular. Además, aportan una gran cantidad de datos sobre nuestra personalidad. Veamos...

La cabeza erguida

Una postura firme no sólo da impresión de seguridad, sino que la proporciona.

Cuando quieras dar impresión de seguridad, mantén la cabeza erguida. Para eso, imagina que tu cuerpo está sostenido por una soga y que alguien, desde lo alto, tira de ella (como si el "amarre" de la soga estuviera en la parte superior de tu cabeza). Con levantar la cabeza no sólo impresionarás como una persona segura de sí misma, sino modificarás también tu interior.

Los movimientos de la cabeza

Los movimientos afirmativos de la cabeza sugieren distintas cosas, según el ritmo con que se realicen. Si son rápidos, pueden equivaler a impaciencia, deseos de que el otro se apure o una afirmación enfática, del tipo "muy bien, de acuerdo". Los movimientos afirmativos moderados indican solamente que se está de acuerdo con el interlocutor.

En cambio, cuando son muy lentos, pueden significar dos cosas: que el que escucha está confundido, o que no está convencido del todo de lo que el otro dice.

Pocas cosas irritan más a quien está en uso de la palabra que una persona menee lentamente la cabeza, como diciendo "no, no, no". Si estás conversando y no apruebas algo, dilo cuando tu interlocutor haya terminado. Habla con tacto pero con franqueza. Podrán discutir las divergencias, pero el clima será de confrontación de ideas, no de encono.

Los ojos: maneras de mirar

Todos recordamos expresiones como "me fulminó con la mirada", o "tiene una mirada dulcísima". También todos podemos distinguir entre una mirada burlona, una mirada de sorpresa, una mirada insolente, etcétera. Te conviene seguir los consejos de los especialistas en hablar en público:

Mirar a los ojos del interlocutor inspira confianza.

◗ Para interesar a un grupo, mira alternativamente a algunos de los presentes. Sostén la mirada unos segundos y luego mira a otro. Evita hablar mirando al vacío, o a los costados. Ese tipo de miradas dan la sensación de que no eres sincero o de que quieres huir.

◗ En tu exposición pública puede que encuentres algunas miradas airadas o aburridas. No le claves los ojos a esas personas. Mira a otros. Con esto, te sentirás mejor.

◗ En una entrevista a solas, como en un examen, mira a los ojos a tu interlocutor para demostrarle interés, pero no lo hagas con fijeza, pues eso pone nerviosa a la gente.

◗ Por nada del mundo mires a una persona lentamente y de abajo arriba o de arriba abajo, porque provocará inmediato rechazo.

◗ Ya sea con gente o a solas, trata de no mirar sostenidamente hacia abajo, pues esto sugiere que estás cansado o que no crees en lo que te dicen.

◗ Hay ocasiones en que nos parece que los ojos se dirigen solos a una parte de nuestro interlocutor. Concéntrate en el entrecejo: eso siempre será menos molesto para el otro.

Clavar la mirada en una persona se considera una insolencia.

Las cejas

La sonrisa debe ser espontánea. Una sonrisa falsa, forzada entorpece la buena comunicación.

Los expertos en belleza afirman que las cejas son lo que da mayor expresividad al rostro. No se trata, en este caso, de su forma, volumen, color, sino de cómo pequeños movimientos con ellas expresan emociones. Quien frunce las cejas denota enojo o preocupación. Alzarlas es un signo evidente de asombro. Procura mantener una expresión relajada.

Muchos opinan que parte de la fascinación que ejerce el Dalai Lama, líder espiritual de los budistas tibetanos, se debe a su sonrisa afable.

Gestos con los labios

Al igual que los ojos, las cejas, la boca y la sonrisa, los labios también comunican. Observemos...

> Curvar los labios hacia abajo, sin duda, es un gesto despectivo o de amargura.

> Llevar una de las conmisuras hacia un lado denota duda.

> Abrir la boca bajando la mandíbula inferior es señal de estupor.

> "Morderse" ambos labios es signo de que no queremos hablar de algo para no meternos en problemas.

> Exhalar el aire, poniendo los labios como si estuviésemos por silbar, significa que acabamos de sacarnos un problema de encima.

> Apretar exageradamente los labios puede delatar dudas o desconfianza acerca de lo que escuchamos.

> Tocarse la boca con la mano suele ser el gesto de los niños luego de decir una mentira. Cuando un adulto se toca la boca, es posible que esté manifestando que no tiene ganas de hablar o temor de decir algo.

La boca y la sonrisa

Como hemos dicho en el capítulo anterior, lo mejor es sonreír. Pero, claro, no se puede sonreír todo el tiempo. Por supuesto que la sonrisa debe ser sincera. Nada más fácil de descubrir que una sonrisa falsa, que causa la peor impresión. Si estás en una entrevista personal, regula tu sonrisa; vale decir, no obligues al otro a preguntarse de qué demonios te ríes. Si te dicen algo amable, sonríe levemente. Salvo que hayas perdido un diente, no te tapes la boca con la mano cuando sonrías: se ha establecido que el que se oculta la boca con la mano es porque teme delatar algo inconveniente.

Los brazos, las piernas y los pies también comunican

Aunque te parezca increíble, la forma de mover los brazos y las manos, la manera de sentarnos o estar parados también revelan aspectos de nuestra personalidad.

Los brazos suelen formar un conjunto

Cuando vemos a una persona a la que queremos en un lugar en el que no esperábamos encontrarla, probablemente vayamos hacia ella con los brazos abiertos. De ahí la expresión "me recibió con los brazos abiertos". Cruzarse de brazos puede ser señal de tener frío, pero también indicar un cierto empecinamiento, o que uno no se quiere "desplegar" y confiarse a la otra persona. Si una persona se aprieta los brazos con las manos al cruzárselos, está revelando ansiedad o ira contenida.

▸ Dejar los brazos colgantes a los lados del cuerpo es señal de relajación; pero, si esto está acompañado por el cuello inclinado hacia delante, con la cabeza algo baja, es señal de sumisión.

▸ Una persona sentada, con los brazos cruzados detrás de la cabeza, y las manos entrelazadas, posiblemente sea alguien que se siente muy seguro de sí mismo, pero esta actitud corporal también puede revelar soberbia.

▸ Echar los brazos hacia atrás, ocultando las manos en la espalda, puede indicar que esa persona oculta algo, pero también ser un gesto de timidez o de cobardía, como el de alguien que no quiere "meter mano" en un asunto.

Cruzarse de brazos supone un bloqueo o rechazo.

Algunos gestos con las manos revelan a una persona impaciente, nerviosa o autoritaria.

interpretarse como poco serio, o por lo menos como que esa persona se toma las cosas a la ligera.

Estar erguido con los pies separados, más o menos el ancho de la cadera y muy apoyados, indica un carácter firme, y suele asociarse a la virilidad.

Estar de pie apoyando permanentemente el peso del cuerpo en un pie y luego en otro, revela cansancio físico o mental.

Si estás de pie, no juegues con algún objeto, como mover con la punta del zapato un papel o piedrita. Estarás sugiriendo poco interés. Tampoco golpees el piso con el pie, pues es una clara señal de hostilidad.

Toma asiento

La manera de sentarse también sugiere muchas cosas. Y como suele ser la forma en que damos exámenes orales frente a profesores, es importante que prestemos atención.

¿Qué nos dicen?

Las personas que caminan apoyando la almohadilla plantar, dan la sensación de ser etéreas... pero no transmiten mucha seguridad. Quienes caminan apoyando fuertemente los talones, semejan militares, o sea que transmiten demasiada fuerza, casi autoritarismo.

Otros caminan balanceando el cuerpo hacia atrás y hacia delante. Muy lindo para un bailarín de tap, pero suele

- Sentarse en la punta de la silla da la sensación de estar en ascuas, de esperar algo inminente que no se sabe bien qué es. O sea que puede denotar inseguridad o ganas de brincar y salir corriendo.

- Sentarse echando la parte superior de la espalda muy hacia atrás, pero no la cintura (como si se formara un ángulo de 45° con la parte superior del cuerpo), es el signo contrario: sugiere una actitud demasiado segura de sí misma, con cierta dosis de soberbia.

🔲 Inclinar la silla hacia un lado indica que en esa dirección está nuestro centro de interés, salvo que hagamos una torsión de columna para mirar al lado opuesto, en cuyo caso revelaremos contradicción (y una estupenda preparación física).

🔲 La dirección a la que apuntan nuestras rodillas cuando estamos con las piernas cruzadas sugiere algo similar a la orientación en que ponemos la silla: las apuntamos casi siempre hacia aquello que nos despierta más interés.

🔲 Si estás sentado, puedes cruzar las piernas... pero no cruzarlas y descruzarlas permanentemente, pues es un signo de inseguridad o de cansancio.

🔲 El cruce de piernas típicamente masculino, apoyando un pie en la rodilla de la pierna opuesta, se siente como machista. Procura evitarlo.

🔲 Si te cruzas de piernas, de una manera llamémosla "común", no balancees la pierna que está arriba, pues es señal de que no estás interesado en lo que pasa o te dicen. Tampoco será bien interpretado si descalzas el talón del zapato. Parecerá muy sexy, pero está indicando que tu mente se halla en otro lado.

🔲 Una **última recomendación:** hay personas que suelen tocar a los demás cuando hablan. Si estás entre ellos, no lo hagas ni bien los conoces. Mucha gente lo considera como un exceso de confianza.

Guardar distancia

Cuando alguien desconocido se aproxima demasiado al hablarnos, sentimos que está invadiendo nuestro espacio personal íntimo. Éste abarca nuestro cuerpo y algunos centímetros alrededor. Comúnmente sólo les permitimos achicar esta distancia a nuestros familiares, amigos, parejas o compañeros con los que tenemos una buena relación. Una intrusión en ese espacio nos hace sentir molestos.
Se dirá que en los medios de transporte podemos estar muy cerca de desconocidos y no siempre sentimos esa molestia. Es cierto, pero repara que en tales casos por lo general miramos a lo lejos o al infinito, como diciendo "estoy en otro lado". En una entrevista personal o una reunión con varias personas, mantén unos 70 centímetros de distancia de tu interlocutor, más o menos como si tuvieses un brazo extendido.

Algunos gestos con las manos revelan de inmediato a una persona impaciente, nerviosa o autoritaria.

Lo que NO debe hacerse con las manos

> **Ponerlas en los bolsillos.** Además de sugerir que se oculta algo, este gesto indica inseguridad o abatimiento. Cuando vayas a ver una función de teatro, notarás que los actores no se meten las manos en los bolsillos. Si lo hacen, indica una de estas dos cosas: que el personaje lo requiere..., o que es un actor poco acostumbrado al escenario.

> **Señalar con el índice.** Muchas personas lo consideran agresivo o de mala educación. Repara en muchos discursos de dictadores como Hitler: él solía señalar con el índice extendido, al que movía con energía.

> **Poner los pulgares en el cinto y dejar los otros dedos apuntando al vientre:** se suele interpretar como un gesto, machista, como si se pusiera una flecha indicadora de su sexualidad.

> **Cruzar y descruzar los dedos repetidamente.** Este gesto indica impaciencia.

> **Hacer "tronar" los dedos.** Esto quiere decir apretarse los nudillos o estirar los dedos para que las falanges suenen. A muchas personas les resulta molesto y hasta se considera de excesiva confianza.

> **Frotarse las manos.** Revela especulación o impaciencia. Era un gesto típico del cine mudo para reconocer fácilmente al avaro.

> **Golpetear algo con los dedos o juguetear con un bolígrafo haciéndolo sonar.** Clara señal de impaciencia. Si estás hablando y alguien hace ese gesto... comienza a resumir tu exposición.

> **"Pellizcar" la punta de la nariz con dos dedos.** Indica que tenemos una evaluación poco favorable de nuestro interlocutor, como si dijéramos "huelo a gato encerrado". Claro que también puede indicar que se trata de una persona alérgica.

> **Jugar con el cabello.** Este gesto puede indicar falta de confianza en uno mismo o excesiva coquetería, si se trata de una dama.

> **Tocarse ligeramente la nariz.** Se considera señal de dudas, rechazo, persona que no es sincera. O un resfrío en ciernes.

> **Dar tironcitos al lóbulo de la oreja.** Sugiere inseguridad. Si ves que alguien lo hace, nota cómo su manera de hablar concuerda con ese gesto, pues se vuelve más lenta o titubeante.

> **Ocultar las palmas de las manos al hablar.** Indicio de estar mintiendo. Cuando, además, las manos se curvan, al estilo de garras, indican que ésa es una persona egoísta, cuando no avara.

Aprender a pronunciar

> *La voz.*

> *Pronunciación correcta.*

> *Modulación de la voz.*

Un mensaje perfectamente estructurado, correcto y bellamente redactado puede no llegar al destinatario ni cumplir su propósito porque la voz es inaudible o la dicción, confusa. Por eso, entre muchas otras cosas que debemos tener en cuenta para hablar bien, es preciso que aprendamos a manejar, desde nuestro aparato fonador, la manera en la que emitimos los mensajes.

La voz y la dicción
Cuando se "lengua la traba"

Una persona puede decir cosas fascinantes, pero, si lo hace en forma monótona, gran parte de su comunicación se perderá. ¿Podemos mejorar nuestra manera de pronunciar, ser más expresivos con la voz, tener un ritmo agradable y matizado al hablar? Definitivamente, sí.

El sonido típicamente humano

Muchos animales, como las aves y los mamíferos, producen sonidos, pero sólo el hombre habla. Los delfines tienen un lenguaje que todavía se está estudiando, pero se supone que no expresan ideas, como el lenguaje humano. Algunos loros pueden repetir palabras y hasta frases cortas, pero lo hacen de manera mecánica, y convengamos en que no son muy expresivos.

El hombre puede hablar porque tiene un aparato fonador que le permite producir una extensa gama de sonidos y un cerebro que le hace posible organizar sus ideas y expresarlas por medio de dichos sonidos.

Los órganos que intervienen en la producción de la voz humana están relacionados por un sistema de válvulas, y mecanismos de elevación, descenso y compresión que nos permiten respirar, hablar, comer y beber. Si se obstruyera uno de ellos por un instante, la vida pendería de un hilo. Si se

Los perros... ¿ladran de la misma manera en todo el mundo?

Los perros no tienen la posibilidad de mover los labios o articular sonidos como los seres humanos. Una misma raza, en dos continentes distintos, ladrará de la misma manera, pero al transcribir el ladrido, esto es, "al pasarlo por escrito", habrá cambios en los signos (las letras). La falta de una buena articulación hace que el mismo sonido se escuche –y, por lo tanto, se represente– de varias maneras. Y si no lo crees, lee la siguiente lista donde se expresa gráficamente como suena un ladrido en distintos idiomas.
En árabe: *haw haw*; en bengalí: *ghaue-ghaue*; en chino (mandarín): *wang wang*; el croata y húngaro: *vau-vau*; en inglés: *wow*; en estonio: *auh, auh*; en finlandés y polaco: *hau hau*; en francés: *ouah ouah*; en alemán: *wau wau*; en italiano: *bau bau*; en portugués: *au au*, y en español: *guau guau*.

modificara la asombrosa disposición anatómica en unos pocos milímetros, la humanidad entera quedaría a merced de un lenguaje de signos.

¿Qué es la dicción?

No hay mucho que explicar acerca de la voz. Todos tenemos una; hablamos y escuchamos permanentemente. Pero, ¿qué es la dicción?

Muchas veces, sentimos que las palabras se nos "atascan" en la garganta. Ante esta sensación, el mejor recurso es respirar profundamente.

La palabra 'dicción' proviene del latín, *diclio* o *dicleo*, que significa "manera de hablar". Y para hablar de la mejor manera posible, hay que pronunciar correctamente, acentuar con elegancia, frasear respetando las pausas y matizar los sonidos musicales de las palabras. La buena emisión de voz, clara y con la potencia regulada para llegar a los oyentes, además de servir a la buena comunicación entre pares, resulta, sin duda, un entrenamiento indispensable para aquellos que se dedican al canto en cualquiera de sus géneros (ia algunos cantantes de rock les convendría practicar un poco más!) y a la locución. Para una buena dicción, también es preciso considerar la colocación de la voz; para ello, hay que producirla correctamente, tomando en cuenta tanto la respiración, la ubicación correcta del diafragma y la posición de los labios, como la articulación de las palabras.

La voz

Para producir sonidos, los seres humanos no dependemos de un único órgano aislado, sino de un conjunto de ellos. Éstos son: el aparato respiratorio, que suministra el aire necesario para producir la mayoría de los sonidos del lenguaje; la laringe, que produce la energía sonora usada en el habla; las cavidades supraglóticas (la faringe, la cavidad bucal y las fosas nasales).

El aparato respiratorio

Hablar de forma pausada y tranquila ayuda a relajarnos.

Cuando tomamos aire, éste pasa a los pulmones, que son como fuelles que se expanden al inspirar y se contraen al espirar. Cuando tomamos aire, los músculos que se encuentran entre las costillas se contraen, y las costillas se elevan. El tórax se ensancha y aumenta su volumen. Al exhalar, el diafragma se eleva, y las costillas descienden. Solamente podemos emitir sonidos por la boca cuando espiramos. Intenta hablar al mismo tiempo que tomas aire, y verás que es imposible. Vale decir: al inspirar, se produce una tensión, y al espirar, se produce una relajación. O sea que hablar, relaja. Si tenemos rigidez en el tórax y el abdomen, estamos dificultando la inspiración profunda.

La laringe y las cuerdas vocales

Cuando espiramos, el aire que contienen los pulmones recorre la tráquea y pasa a la laringe. La laringe es una especie de caja formada por cuatro cartílagos (uno de ellos es el que sobresale en el cuello de los hombres, llamado comúnmente "nuez de Adán"). Estos cartílagos están ligados entre sí, y pueden deslizarse, girar o balancearse gracias a un sistema de músculos que los rigen. Como la laringe está expuesta constantemente al

aire cargado de gérmenes y humo, y a veces abusamos de nuestra voz, los tejidos se inflaman y se padece de una enfermedad llamada *laringitis*. La ronquera no es necesariamente síntoma de laringitis: puede deberse a problemas emocionales, que distienden los músculos de la garganta. La ira y la tensión reprimida también alteran la voz, que en ese caso sale "chillona". En el interior de la laringe, extendidas entre los cartílagos, se encuentran las cuerdas vocales.

Las cuerdas vocales y el mecanismo que las rige constituyen el órgano más importante de nuestro aparato fonador. En realidad, el nombre

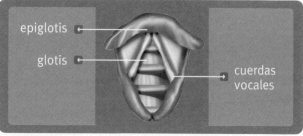

epiglotis

glotis

cuerdas vocales

Las cuerdas vocales vibran unas 100 a 150 veces por segundo en los hombres, y unas 200 a 300 veces por segundo en las mujeres.

¿Estás respirando bien?

Para comprobar si respiras correctamente, ubica una mano en el estómago y la otra en la parte superior de tu pecho. Inhala profundamente. Si la mano sobre tu abdomen se mueve primero, tu diafragma está funcionando bien. Si la mano de la parte superior del pecho se mueve primero (o si lo hacen ambas) tienes una respiración pobre. Practica la respiración abdominal: recuéstate de espaldas, inhala por la nariz e "infla" el abdomen. Espira lentamente. Practica luego sentado, de pie y mientras haces las cosas de todos los días. La parte superior de tu pecho debería moverse muy poco. Haz esto durante dos o tres semanas. Cuando lo logres espontáneamente, notarás que resistes mejor los esfuerzos físicos.

cuerdas no es muy ajustado, pues se trata de dos membranas o labios, colocados simétricamente a derecha e izquierda de la línea media. El espacio entre las cuerdas vocales se llama *glotis*.

La glotis es un espacio triangular. Ciertos músculos permiten que las cuerdas vocales se aproximen una a otra, y se cierre así el triángulo de la glotis; es decir, que ese triángulo tendrá una base más estrecha. Para que podamos emitir la voz, la glotis debe cerrarse, pues así deja espacio para que las cuerdas vocales vibren.

Las cuerdas vocales son el órgano más importante del aparato fonador.

Imagina que deseas imitar el aleteo de un pájaro en un medio de transporte lleno de gente: no podrías agitar los brazos. A las cuerdas vocales les pasa lo mismo: necesitan espacio para vibrar. Podemos, a voluntad, hacer que nuestra voz suene más grave o más aguda, cosa que realizamos sin notar que estamos acortando la longitud del cuerpo vibrante en los tonos agudos y estirando dicha longitud en la emisión de los más graves.

Las cavidades supraglóticas

Las cuerdas vocales no emiten sonidos por sí mismas. Son como las cuerdas de una guitarra, que necesitan una caja para resonar. Esa "caja" la forman, en el aparato fonador, la parte superior de la laringe, la faringe, la cavidad bucal y las fosas nasales. La gran diferencia entre la caja de resonancia de la voz humana y la de cualquier instrumento es que en el hombre esa caja cambia de forma y de posición constantemente, y le da a la voz una riqueza sonora inigualable.

La cavidad bucal puede cambiar de forma y de volumen casi infinitamente, gracias a los movimientos de la lengua. Este proceso, que permite tantos sonidos diferentes, se llama *articulación*. La bóveda de esta cavidad se llama *paladar*. La parte delantera de éste recibe el nombre de *paladar duro*. Detrás de él se halla el *paladar blando* o *velo del paladar*, que termina en la *úvula*.

Alteraciones de las cuerdas vocales

> La laringitis se caracteriza porque la voz suena áspera o ronca debido a la inflamación de las cuerdas vocales. Las causas pueden ser: excesivo uso de la voz, infecciones, inhalación de sustancias irritantes o reflujo gastroesofágico (el ascenso de ácido desde el estómago a la garganta).

> Los nódulos vocales son crecimientos benignos (no cancerosos) sobre las cuerdas vocales, producidos por el uso exagerado de la voz. Suelen ser frecuentes en cantantes profesionales y hacen que la voz se vuelva ronca, susurrante y entrecortada.

> Los pólipos vocales son un crecimiento blando, benigno (no canceroso), parecido a una ampolla. Un pólipo, normalmente, crece sólo sobre una cuerda vocal, y se produce a menudo por el consumo de tabaco durante un tiempo prolongado. Al igual que en el caso de los nódulos, la voz se pone ronca, baja y entrecortada.

> La parálisis de cuerdas vocales puede ocurrir en una de ellas o en ambas; o en los pliegues, que no abren o cierran apropiadamente.

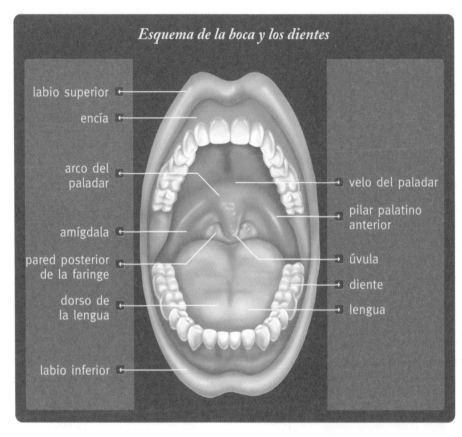

Esquema de la boca y los dientes

labio superior
encía
arco del paladar
amígdala
pared posterior de la faringe
dorso de la lengua
labio inferior

velo del paladar
pilar palatino anterior
úvula
diente
lengua

La lengua es tan importante para la producción de sonidos, que la palabra 'lengua' se usa para referirse a la comunidad lingüística, como en la expresión **lengua española.**

Los labios

Gracias a la movilidad de los labios, podemos pronunciar muchas consonantes. Intenta decir "puré" dejando los labios relajados.

No podrás, pues para emitir el sonido "p" debes moverlos hasta que se junten y así puedas espirar el aire de manera casi explosiva.

Del mismo modo, las vocales se diferencian por las posiciones que adopta la lengua durante su articulación.

Si no articulas bien, podrá ocurrir que quieras decir "yo bordo" (del verbo bordar) y te entiendan "yo gordo".

51

Pronunciación correcta

Al hablar, usamos todo el aparato fonador. Si dejamos los labios muy relajados, emitiremos una serie de sonidos confusos, especialmente al pronunciar aquellas consonantes que exigen cerrar los labios, como la *p*, la *b* o la *m*. Pronunciar correctamente tiene un montón de claves que es útil conocer.

Clasificación de consonantes por el modo de articulación

Una articulación descuidada impide la comprensión del mensaje.

Los órganos del aparato fonador adoptan determinada posición al producir los sonidos. Esto se llama *modo de articulación*. Las consonantes se pronuncian atendiendo a dicho modo de articulación, y al lugar donde se articula.

Esto quiere decir que hay dos maneras de clasificar las consonantes.

Oclusivas

El paso del aire se ve obstruido y luego se libera con una pequeña explosión. Esto ocurre cuando pronunciamos las siguientes consonantes: **p**, **t**, **d**, **c** (con sonido k), **q**, **g**, **b**. Compruébalo diciendo en voz alta y exagerando un poco: **p**uro, **t**ema, **c**uadro, **q**uilo, **b**usco, **g**ula, **d**ime. Como recurso mnemotécnico, recuerda que son las consonantes comprendidas en las palabras **p**etaca y **b**odega.

Es muy frecuente —sobre todo en zonas rurales de América Latina— pronunciar de manera muy suave la **d** intervocálica, sobre todo en los participios terminados en "-ado". Así, "cansado" se oye "cansao". Si hay una **d** en la sílaba final, esmérate por apoyar la punta de la lengua sobre los dientes superiores.

Nasales

Son nasales: **m, n, ñ**. Pronuncia de manera exagerada: **m**ozo, **n**ada, **ñ**andú. Repara, de paso, que mientras el sonido de una oclusiva es momentáneo, o sea, que no se puede mantener, las nasales sí pueden mantenerse. Di exageradamente, para comprobarlo, "merengue" (es decir, dilo como si fuese "mmmmmerennnngue"). Este tipo de pronunciación, prolongando las nasales, debe evitarse, pues fatiga al que recibe el mensaje.

Laterales

Presta atención a qué pasa con tu lengua y el aire al pronunciar las palabras "**ll**anto" y "**l**engua". Exagera un poco, pues se trata de que tomes conciencia de tu aparato fonador. La punta de tu lengua se apoyó en el paladar duro, cerca de los dientes, al pronunciar **ll** y **l**. El aire salió por los costados de la lengua, de ahí el nombre laterales. Practica, sin exagerar ahora, diciendo "**ll**evar" y "**l**aurel".

Más adelante veremos que la **ll** se pronuncia de distintas maneras en América Latina.

Vibrantes

Reciben este nombre porque, para articularlas bien, se hace vibrar rápidamente la punta de la lengua contra el paladar duro, cerca de los dientes, en los alvéolos. Pronuncia, exagerando para notar la vibración, "pe**r**o" y

Si tienes dificultades para pronunciar alguna consonante, acude a tu médico o a un odontólogo. Si es preciso, ellos te derivarán a un foniatra, que se especializa en reeducación de la voz.

"pe**rr**o". Cuando pronuncias **rr** podrás notar mejor la vibración y podrás prolongar su sonido mientras tengas aire. Di "guita**rr**a", pero como si dijeras "guita**rrrrr**a". ¿Notaste la vibración? Bien, esa pronunciación exagerada debe evitarse, suena mal, es la que se emplea cuando algún cómico intenta hacerse pasar por alemán.

De paso, es descortés hacer burla de otro idioma porque no suena como el nuestro.

Fricativas

Su nombre proviene de "fricción". Cuando decimos una palabra con **f**, como "**f**uerza", el paso del aire se estrecha, y el sonido nos indica que se produjo una leve fricción. Son fricativas la **b** intervocálica (como en "ha**b**er"), la **v** cuando se pronuncia apoyando el labio inferior en los dientes superiores, o cuando está en posición intervocálica (como en "a**v**iso" o en "le**v**e").

'Una shegua con montura amariya corría bajo la yuvia".

Ése es argentino.

La pronunciación en el Río de la Plata

En el Río de la Plata, sobre todo en la ciudad de Buenos Aires, la pronunciación de algunas consonantes difiere de la del resto de los hispanohablantes. La *ll* suena como *y*, o sea que "*ll*uvia" suena "*y*uvia". Esto se conoce con el nombre de yeísmo. También hay una pronunciación diferente de la *s* en medio de palabra, seguida de *c, q, k*. Así "mosca" suena "mo*jc*a", y "quiosco" suena "quio*jc*o". Esto ocurre porque se separa demasiado la lengua de los alvéolos, se la curva con exceso, y se tensa el velo del paladar. En el Río de la Plata, y en muchos otros lugares, no se diferencian la *s*, la *z*, y la *c* cuando está seguida de *e* o *i*.

La **z** es fricativa cuando se pronuncia colocando la punta de la lengua entre los dientes, con los labios entreabiertos. Pronuncia, como si fueses un español de Madrid, "**z**apatos".

La **y** es fricativa cuando está seguida de vocal, como en "**y**egua". En algunas regiones, esta **y** se pronuncia como **i**, por lo tanto "**y**egua" suena "**i**egua".

La **j** es fricativa ("fa**j**a"), lo mismo que la **g** cuando suena como *j*, esto es, seguida de **e, i**.

La **s** es otra fricativa; en la nota en recuadro podrás ver las variaciones de pronunciación para **s** y **z**, según el lugar de América en que se pronuncien.

Para pronunciar correctamente la **s**, la punta de la lengua debe subir hasta posicionarse cerca de los alvéolos, o sea, muy cerca de los dientes superiores, pero sin tocarlos. El aire debe salir con un suave silbido.

Ahora practica pronunciando de manera exagerada estas palabras: **f**ósforo, cla**v**el, a**b**ollado, a**z**ada, a**s**ueto, **g**itano, ba**j**ar, **y**en.

Africadas

Al pronunciar una africada, hay una obstrucción, pero esta se deshace suavemente, con una leve fricción, como cuando pronunciamos la **ch** en "mu**ch**o" o con la **c** italiana de *cento* ("cien", que se pronuncia "chento").

Modulación de la voz

Para que el mensaje llegue sin problemas a los oyentes, además de pronunciar claramente, debemos modular nuestra voz. El volumen y la velocidad adecuadas, las pausas necesarias y una correcta entonación nos ayudarán en el cotidiano desafío de comunicarnos.

Intensidad de la voz

Si hablas en voz muy baja, tu mensaje no llegará con claridad a los receptores. Una persona que hable con volumen muy bajo puede dar la sensación de que no está segura de lo que dice, o de que es extremadamente tímida. Por el contrario, quien habla permanentemente con un volumen muy alto da la impresión de estar muy nervioso o de ser autoritario. ¿Cómo hacer para graduar el volumen si debemos hablar en público?

Muchos profesores de teatro aconsejan a sus alumnos principiantes imaginar que están sobre un escenario y deben hablar con un volumen tal, que quien esté sentado en la fila catorce pueda oírlos con claridad.

Velocidad

Hay personas que parecen hacer "correr" a las palabras. Suelen ser las parlanchinas, que terminan fatigando a todo el mundo.

Otras, en cambio, hablan tan lentamente que parece que estuvieran traduciendo, y esto provoca que los receptores se impacienten.

Casi todos hablamos a una velocidad de 120 a 180 palabras por minuto. La velocidad dependerá del pensamiento o del sentimiento que se quiere transmitir.

Para una buena comunicación, es fundamental el buen uso de las pausas.

Recuerda que cuanto más rápido hables, más posibilidades tienes de articular mal o cometer un error de pronunciación.

Por ejemplo, si quieres expresar: "Nuestros planes de vacaciones brindan el mejor alojamiento a los turistas", por apurarte, puedes decir: "Nuestros planes de vacaciones brindan el mejor *alejamiento* a los turistas".

¡Papá!

Pausas

Las pausas separan las palabras de modo tal que se pueda apreciar el significado que tiene cada frase en su conjunto. Algunos signos de puntuación son las marcas gráficas de esas pausas. Lee lo siguiente, dicho por alguien que no hizo pausas:

"Un estanciero tenía tres cerditos y la madre del estanciero era también el padre de los cerditos".

Suena a disparate, ¿verdad? ¡Una señora, madre de un estanciero, que sea padre de cerditos! Ahora compara las mismas palabras, dichas por alguien que sí hizo pausas:

Un estanciero tenía tres cerditos, y la madre. Del estanciero era, también, el padre de los cerditos.

Por qué hacemos pausas

En una comunicación se hacen pausas por distintos motivos:

- ◘ Para que se comprenda el mensaje.

- ◘ Para no aturdir al receptor.

- ◘ Para permitir al receptor o los receptores un momento de reflexión.

- ◘ Para cambiar de tema o de subtema.

- ◘ Para provocar cierta sorpresa, como en: "Y el ganador es... ¡Felipe Ortiz!".

Una pausa un poco más prolongada suele llamarse *silencio elocuente*. Es esa pausa manejada con gran habilidad por los oradores experimentados. No se trata de un silencio antojadizo, sino que debe estar al servicio de aquello que se desea provocar en los receptores. Véase este ejemplo: "Toma la sopa o llamo al cuco. [PAUSA] Aunque no sé si al cuco le gustará la sopa". La pausa, en este caso, predispone, crea una cierta expectativa con un remate inesperado y gracioso.

La entonación

La entonación es la sucesión de tonos con que se modula el lenguaje humano. El tono es el grado de elevación de un sonido y el modo particular de decir algo; como cuando se dice "Su tono sonaba a enojado", o "Por el tono parecía sorprendido". Hay distintos tipos de entonación, y ellos dependen del estado de ánimo y del tipo de mensaje que queremos transmitir.

Entonación enunciativa

Es la empleada para comunicar un mensaje afirmativo o negativo. No hay en ella matices de pregunta, ni de orden, ni de ruego, etcétera.

¿Qué te dijo el doctor?

No entendí si estoy en coma o en cama.

Los buenos oradores y los buenos actores saben que una pausa predispone, crea expectiva.

En cada oración, se pueden distinguir tres partes: inicial, interior y final. Si lees en voz alta "Esta noche iremos al teatro", notarás que la voz asciende hasta alcanzar la primera sílaba acentuada (no importa si lleva tilde o no).

No debe bajarse mucho el volumen al final de una oración.

Esa primera sílaba acentuada en la oración de prueba es **no**, de noche. En el interior de la oración hay ascensos y descensos de voz propios de los acentos de las palabras, pero al final se produce un descenso de la intensidad.

Consejo: no hagas inaudible el descenso final de una oración enunciativa. Si transcribiéramos lo que dicen muchas personas, sonaría así: "Estábamos en el cam... Era un día maravillo... Mi madre, como siempre, quiso recoger unas flo...". Podemos reconstruir el mensaje completo, pero eso supone un esfuerzo para el receptor, y, en muchos casos, se presta a dudas, como en "El hombre inspeccionó los pa..." ¿Qué inspeccionó? ¿Patos, pavos, pasos, palos, paños?

Sentimientos y fisiología

Cuando el que habla desea expresar un sentimiento o una idea de tristeza, la voz desciende y todo el cuerpo parece retraerse, encogerse.

Si, en cambio, se expresa algo alegre, la frase comienza con un tono más elevado y, posiblemente, se emita con más rapidez. Los ojos, imperceptiblemente, se abrirán un poco más y las comisuras de los labios se curvarán hacia arriba muy levemente.

Si el hablante se deja invadir por el odio, sin que él lo perciba, se producirá un estrechamiento de su laringe, como si la "estrangulara", y desplazara a la laringe el deseo de estrangular al otro.

El sentimiento opuesto, la ternura, relaja el aparato fonador. La voz suena más suave, a veces susurrante. Y, lo más curioso: sin que se advierta, los labios se adelantan un poco, como si estuvieran a punto de dar besos.

Para resaltar una idea triste, se baja el tono y se disminuye la velocidad de emisión.

Entonación interrogativa

En español, las preguntas presentan distintas formas:

- **Interrogación absoluta.** Se ignora cuál será la respuesta, pero casi siempre se responde "sí" o "no". El tono de voz va ascendiendo y se eleva en la ultima sílaba acentuada, como en "¿Quieres beber un refresco?"

- **Interrogación relativa.** Quien pregunta supone la respuesta, aunque no tenga certezas. Suele interrogarse así cuando se desea estar seguro de algo: "¿Se puede saber dónde dejaste mi carpeta?". La voz se eleva en la primera sílaba acentuada y, al llegar a la ultima sílaba acentuada, asciende, pero un poco más que lo habitual, más que en la interrogación absoluta.

- **Interrogaciones que comienzan con pronombres interrogativos.** Las oraciones interrogativas que comienzan con pronombres interrogativos se caracterizan porque hay una marcada elevación del tono en la sílaba acentuada del pronombre interrogativo.

Entonación exclamativa

Es la que expresa una emoción, como disgusto, admiración, reproche, amenaza, etcétera. Muchas veces, no son las palabras las que enfadan u ofenden, sino la entonación con que fueron dichas. Las emociones que alteran nuestro estado de ánimo afectan los movimientos musculares del aparato fonador, y esto se manifiesta en la voz. La voz desciende hacia el final de la frase cuando expresamos disgusto, admiración, sorpresa, amenaza, exageración.

Lee en voz alta para comprobarlo: "¡Detesto que me pongan apodos!", "¡Que día tan maravilloso!", "¡Esto no me lo esperaba!".

La voz asciende cuando protestamos, censuramos o nos molesta alguna injusticia, como en "¡Nunca imaginé semejante atropello!". Cuando nos invade la cólera, abrimos un poco más de lo habitual la boca, y el mentón se adelanta levemente.

Entonación volitiva

Es la entonación mediante la cual expresamos deseos. Cuando se desea que alguien realice algo, pero el emisor se siente superior o le da un matiz de mandato a sus palabras, suele poner mucho énfasis en algunas sílabas. Eleva la voz en las acentuadas de las palabras clave, o sea, las más importantes, como en "¡De**ten**gan inmediatamente a ese **hom**bre!". Si se trata de un ruego, se supone que detrás de las palabras hay una actitud de sumisión, de obediencia, de recato o de timidez. La entonación es mucho más suave, con menos energía, y la vocal de la sílaba donde se concentra el ruego dura más, como si se "estirase". Hacia el final, el tono es más bajo, como si el que

Cuando realices una pregunta, debes comenzar con un ascenso de la voz en la primera sílaba acentuada.

habla se sintiera derrotado por su propio estado de ánimo, como en: "Le suplico que me disculpe". La **i** de "suplico" se "estirará".

Cuidados de la voz

La causa más frecuente de un trastorno de la voz se produce durante un resfriado, que puede terminar en una laringitis, con su característica disfonía. Los cuidados elementales para tener una voz clara son los siguientes.

Cuidar que no haya obstrucciones nasales. La mucosidad de un resfriado torna la voz muy nasal o gangosa. Si tienes la voz nasal sin estar resfriado, acude a un especialista, pues puedes tener alguna enfermedad, como sinusitis, o pólipos nasales, engrosamiento de cornetes (son las láminas óseas del interior de la nariz), etcétera.

Evitar hablar mucho cuando tienes un catarro, laringitis, una crisis alérgica, etcétera.

No carraspear. El carraspeo irrita las cuerdas vocales.

Evitar aspirar por la boca.

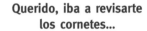
Querido, iba a revisarte los cornetes...

Una voz en el teléfono

Si hay un medio de comunicación usado por la mayoría de las personas en el que es imprescindible transmitir sensaciones por medio de la voz, ése es el teléfono. A través de un teléfono podemos conseguir esa cita que tanto deseamos, una rebaja en algún precio, un turno con un especialista que tiene su agenda completa, etcétera.

Sigue estos consejos cuando hables por teléfono en una situación de importancia (en realidad, deberías tenerlos siempre en cuenta):

> Te tratarán tal como trates. Dale a la gente el mejor trato posible y te responderán de la misma manera.

> Comienza siempre saludando a quien atiende. Si recibes la llamada, ni bien te digan de quién se trata, saluda.

> Nunca contestes el teléfono mascando chicle o comiendo.

> Sonríe mientras hablas: la sonrisa se nota del otro lado del teléfono.

> Despídete con frases como "Muchas gracias por llamar"; "Que tenga un buen día"; "Ha sido un placer escucharlo", y otras así.

Para qué hablamos

> *Funciones del lenguaje.*

> *Consejos útiles.*

No siempre utilizamos el lenguaje guiados por el mismo objetivo. Podemos hacerlo para comunicar una información, para expresar nuestros sentimientos, para pedir algo, para establecer contacto... En fin, para miles de acciones cotidianas. Pero si queremos que nuestro mensaje "llegue" de manera efectiva, debemos centrarlo en una función específica.

Objetivos de un acto de habla

¿Para qué hablamos?

Cada individuo utiliza el lenguaje oral en un sinnúmero de situaciones. Los objetivos que se persiguen en esas situaciones hacen variar el tipo de mensaje, la entonación, la clase de lenguaje empleado y hasta la gramática.

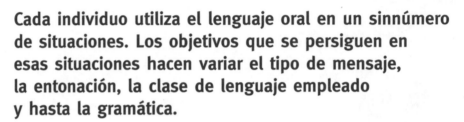

Hablamos con un propósito

Al escribir algo, todos hacemos una planificación, aunque sea mental, de lo que pasaremos por escrito. El solo hecho de escribir, más lento que el de hablar, permite ir formando una estructura de contenidos.

En el lenguaje oral, tenemos también un propósito en cada acto de habla:

"¿Me puede decir la hora?" (averiguar); "Tienes que tomarte unas vacaciones."(persuadir); "Agítalo antes de beberlo" (dar instrucciones u órdenes); "Soy ingeniero agrónomo" (informar), etcétera.

Cuando hablamos cotidianamente, con un amigo, con un familiar, con un vendedor, con un vecino en un medio de transporte, tenemos un propósito; pero la comunicación fluida, espontánea, hace que los propósitos vayan cambiando permanentemente. Es como si descubriésemos lo que queremos decir a medida que hablamos.

Características de la conversación informal

▸ Puede (y suele hacerlo) cambiar de propósito permanentemente.

▸ El mensaje se dice de manera que el destinatario lo entienda a medida que lo oye. Es decir, hay aclaraciones, repeticiones, etcétera, porque en el habla no se puede volver atrás como lo hacemos con un libro. Así, vamos aclarando paso a paso cada vez que el receptor lo solicita, o si notamos por su expresión que está confundido, como en este ejemplo: "Sí, tal como lo oyó, nací en Transilvania".

▸ La información no tiene una selección rigurosa. Por ejemplo, decimos "Parece que va a llover" y no hablamos de la presión atmosférica medida en hectopascales, o de la velocidad del viento en superficie, como lo hacen los servicios meteorológicos.

▸ No se es tan cuidadoso de la corrección gramatical: hay frases truncas, muletillas, repeticiones, como en "Me trajo la cena y... ¡madre mía! Era una cosa..., una carne quemada, pero muy muy, quemada, y la guarnición por ahí."

▸ Se incorporan formas propias, tics, expresiones locales; por ejemplo: "A ese actor de décima no lo entiendo. Tiene una papa en la boca, ¿viste?

La muerte de Sócrates, *del pintor francés neoclasicista, Jacques-Louis Davis (1787).*

En cambio, la otra chica, la... Cómo se llama... Bueno, no importa, la rubiecita cachondona ¡Esa sí que es chévere! La miro y ¡paf!, quedo para el infarto".

Por último, si en la expresión coloquial hay titubeos, pueden deberse a que el emisor intenta buscar determinadas palabras o poner un cierto orden en su mensaje.

Funciones del lenguaje

Ya hemos visto que el lenguaje, ya sea oral o escrito, es una forma de comunicación. Esa comunicación cumple distintas funciones, que van desde exponer conocimientos hasta expresar sentimientos o estados de ánimo. Veamos cómo han clasificado los lingüistas las diferentes funciones.

Un recorrido por todas ellas

En la lengua informativa se prefiere la 3.ª persona y los verbos en modo indicativo.

> **Referencial o informativa.** En ella, sólo pretendemos informar algo. Es el lenguaje empleado en los manuales, los libros de texto, los informes, etcétera. En este momento, estás leyendo un texto que emplea la función referencial.

> **Expresiva o emotiva.** Con este lenguaje, pretendemos apelar a las emociones del que lee o escucha, queremos producir una cierta impresión, real o fingida. Si decimos "Te extrañé mucho", "¡Lo odio!" , o "Camina como pisando huevos", empleamos este tipo de lenguaje.

> **Conativa o apelativa.** La empleamos cuando damos órdenes, o deseamos que el interlocutor haga algo: "Escúchame", "Dame un beso", "Escríbeme", "Compre más barato en casa Martínez", etcétera.

> **Fática.** Son expresiones con las que constatamos que el interlocutor sigue en contacto: "¿Estás ahí?", "¿Me oyes bien?".

La lírica, género basado en la función poética del lenguaje, debe su nombre a la lira, instrumento musical de cuerda con cuyo sonido se acompañaban quienes recitaban versos en la antigua Grecia.

▶ **Metalingüística.** Se establece cuando el lenguaje se refiere a sí mismo. Como por ejemplo en las definiciones: *"Murria* significa abatimiento, melancolía, mal humor."

▶ **Poética.** Intenta provocar nuevas asociaciones o emplear el mensaje por el mensaje mismo. Es la empleada cada vez que deseamos dar belleza y armonía a nuestro mensaje. Se la asocia con la poesía o con la prosa poética.

hace mucho frío"; "La fórmula del agua es H_2O", "En Navidad no habrá clases".

▶ Prevalece el uso de la 3.ª persona.

▶ Se prefiere una adjetivación que agregue cualidades sin matices subjetivos. Por ejemplo: "De los *molestos* mosquitos, el que pica es el macho". El adjetivo *molesto* sólo podrá emplearse en una presentación informal, o cuando se desea matizar la

Función referencial o informativa

El objetivo de los mensajes en lengua referencial es presentar información basada en hechos objetivos. Puede tener momentos emotivos (función expresiva) o apelativos (función conativa), pero lo primordial es informar. Se trata de hechos de habla en los que el oyente espera un sentido basado en lo verdadero o falso. Son: notas periodísticas, informes, pruebas escritas, monografías, libros de texto, conferencias, congresos, etcétera. En lengua oral puede tratarse de participaciones en congresos, asambleas, clases magistrales, conferencias, exámenes, etcétera.

Quienes más se apartan de las reglas del lenguaje no suelen ser los iletrados sino los adolescentes, que buscan diferenciarse también por su manera de hablar.

Recursos de la lengua informativa

▶ Se emplean oraciones enunciativas, ya sea afirmativas o negativas: "En la Antártida

Si el receptor no conoce el vocabulario propio de informática, convendrá aclarar qué significa *menú* (además de lista de platos de comida).

En los diarios, excepto en las secciones de chistes, se emplea la función referencial. Un periódico que faltara a la verdad caería en descrédito rápidamente.

exposición. Pero no conviene sumar adjetivos de este tipo, menos en un examen. ¿Imaginas la reacción del profesor si escuchara "La *repodrida* peste negra mató a la mitad de la población de Europa"?

🔹 Se evitan los diminutivos: no digas "los alumnitos", salvo que quieras dar a tu voz un tono ligero, como de burla, que es uno de los valores expresivos de los diminutivos. Naturalmente, se trataría de alumnos de poca edad, pero más parecidos al conde Drácula que a niñitos inocentes.

🔹 Según el tema que se va a desarrollar, hay expresiones técnicas o palabras que, en determinado contexto, tienen otro significado: "En el *menú* Edición encontrará las opciones de Cortar y Pegar".

🔹 Deben darse datos de ubicación de tiempo y espacio: "En la segunda mitad del siglo XX, Christian Barnard, cardiocirujano sudafricano, realizó el primer transplante de corazón".

🔹 Hay un uso extendido del verbo haber como impersonal, por ejemplo, en "No hay evidencias concluyentes del sitio exacto de la crucifixión de Cristo".

🔹 Se emplean con frecuencia conectores. Los conectores son palabras que ayudan a entender la relación de una idea con otra. Éstos son: *pues, porque, asimismo, además, también, pero, sin embargo, por el contrario, aunque, no obstante, a pesar de, en consecuencia, finalmente, en conclusión*, etcétera. Estos conectores los empleamos también en situaciones cotidianas, coloquiales, como "**Además** de sueño tengo hambre", "No creo que Luisa venga **porque** tiene fiebre", "**A pesar** de sus años, la abuela juega al tenis", etcétera.

🔹 En exposiciones orales, conviene usar oraciones cortas.

🔹 Se debe preferir el orden gramátical tradicional de sujeto, verbo y complementos.

▣ **Haber, estar, hacer** y **ser** son impersonales cuando se emplean con sentido de **tiempo cronológico, atmosférico o de estado del ambiente**. En tales casos jamás se emplean en plural. Es incorrecto "Hicieron grandes calores": la forma correcta es "Hizo grandes calores". Es incorrecto "Hubieron grandes lluvias en Praga", es correcto "Hubo grandes lluvias en Praga".

▣ **Haber**, cuando significa **existencia**, es impersonal, por lo tanto **jamás se emplea en plural**. Es incorrecto "Habían esperanzas de salvarlo". Lo correcto es "Había esperanzas de salvarlo".

▣ **Formas impersonales en plural:** son aquellas que se conjugan en plural pero no admiten sujeto, como "Por televisión pidieron sangre del grupo A". No se puede determinar el sujeto, pero estas formas no ofrecen dudas al emisor ni al receptor.

▣ **Pronombre "se" y verbo en singular.** Las formas más habituales son:

a. Se + verbo en singular + que. Ejemplo: Se dice que habrá paro de transportes.

b. Se + verbo en singular + infinitivo. Ejemplo: Se puede jugar al rugby sobre cesped.

c. Se + verbo en singular + un circunstancial.
Ejemplo: Acá no se fuma.

Función expresiva

Es la que denota emociones, sentimientos. El emisor comunica lo que siente. En el lenguaje oral, puede tratarse de una bienvenida, una despedida, etcétera. Empleamos a diario la función expresiva cuando decimos "Te quiero mucho" o "No soporto más estos zapatos".

Como se trata de sentimientos personales, el receptor no valora la verdad objetiva, como ocurría con el discurso informativo. Puede compartir o no los sentimientos del emisor, pero no puede decir que son verdaderos o falsos.

Uso expresivo de las conjunciones

Las **conjunciones o coordinantes** son nexos que unen entre sí elementos de igual valor sintáctico. Además de la función de unir, los coordinantes pueden emplearse para dar determinados matices a una frase o un discurso.

> **Sensación de angustia.**
>
> *Y la carne que tienta con sus frescos racimos,*
> *Y la tumba que aguarda con sus fúnebres ramos,*
> *Y no saber adónde vamos*
> *ni de dónde venimos.*
> Rubén Darío, nicaragüense, *Lo fatal*

Los elementos destacados son conjunciones; la suma de ellas imita el habla del que se queda sin aliento por la emoción o la angustia.

> **Evocación del lenguaje infantil.**
>
> *"Y le mostré el cuaderno, y la maestra me felicitó, y en el recreo jugué con Rafael, y él me regaló una galleta".*

> **Evocación del lenguaje bíblico.**
>
> *"Y sucedió que, alegrándose el corazón de ellos, dijeron: "Llamad a Sansón para que nos divierta". Y llamaron a Sansón, y lo trajeron de la cárcel, y él hacía de juguete delante de ellos, y lo pusieron entre las columnas"*
> *Antiguo Testamento, Jueces, 16, 25*

> **Para expresar contrariedad.**
>
> Un coordinante, en el inicio de una frase, ayudado por la entonación adecuada, expresa fastidio: "¿*Y* me vas a dejar sola el sábado?".

> **Coordinante usado como consecutivo,** en oraciones casi equivalentes a una sentencia: "Estudiaste *y* te irá bien". En este caso, se da por descontado el resultado, es casi una sentencia; a consecuencia del estudio previo, se obtendrá un buen resultado.

Recursos de la lengua expresiva

- Predomina el uso de la 1.ª persona singular, es decir que el acento se pone en el emisor.

- Se utilizan muchos tipos de oraciones, y, por lo tanto, diferentes entonaciones: exclamativa, volitiva, dubitativa.

- Se emplean muchas imágenes sensoriales, como en "Me corría un frío por la espalda", "Me dejó helado lo que me dijiste".

- Hay comparaciones: "Rápido como el rayo".

- Abundan las personificaciones, como en "La humedad me mata".

- Las repeticiones sirven para transmitir la intensidad del mensaje: "Sí, sí, por supuesto que te perdoné".

- Hipérboles: una hipérbole es una exageración. Son muy frecuentes en el habla cotidiana, como cuando decimos "Me morí de frío", o "Me costó un ojo de la cara".

- Uso de los diminutivos con valor afectivo. Los diminutivos no sólo se emplean para señalar algo pequeño, como "zapatito", sino que en el habla cotidiana y en los textos literarios se "tiñen" de valores afectivos: "Mi novia tenía sus manitas entre las mías".

Función apelativa o conativa

Con esta función, intentamos persuadir al oyente para que haga algo. El emisor desea provocar una reacción. La empleamos en la vida diaria a cada momento, como en "Pásame el salero", "¿Cerrarías la ventana?" y otras similares. Los especialistas en persuadir son los publicitarios, que deben lograr, con pocas palabras, un resultado en términos de persuasión: "Compre dentífrico Mentolín, el que recomiendan los odontólogos". La publicidad tiene como fin dar a conocer un producto, y crear en el oyente o el lector la necesidad de poseerlo. Tanto en una situación cotidiana como en la publicidad, el acento se pone en el receptor.

Recursos de la lengua apelativa

▶ Uso de la 2.ª persona –singular o plural– como en "Cómprame el diario" o "No se muevan de aquí".

▶ Uso del imperativo y del subjuntivo negado: "Vote lista 31", "No olvides traerme el libro".

▶ En publicidad, oraciones unimembres o con predicado no verbal, como la de este ejemplo: "Para sus pies, talco Suavelist".

▶ Uso de vocativos: "Marisol, deja de señalar con el dedo".

Sí, sí, me convenció. Le compro el champú...

Nótese que en la función conativa no se pone en tela de juicio si el mensaje es verdadero o falso. Una orden, una incitación no son ni verdaderas ni falsas. En textos de mayor extensión que los publicitarios, como los discursos políticos, por ejemplo, los recursos son los mismos.

Las oraciones unimembres son aquellas que no se pueden dividir en sujeto y predicado.

Función fática

Con esta función comprobamos que el oyente recibe bien el mensaje; por lo tanto, no es conveniente usarla en demasía en una exposición. Esta función se realiza de manera habitual cuando hablamos por teléfono o estamos con alguien que parece no prestarnos atención: "¿Me estás escuchando?".

A veces, la función fática se emplea para interrumpir una comunicación ("Hasta luego",

"Que lo pases bien"), para hacer una interrupción momentánea ("Perdón..."; "Espera un minuto", "No corte, por favor") o para iniciar una comunicación ("Hola", "¿Todo bien?").

Recursos de la función fática

◱ Uso de la 2.ª persona, especialmente la singular (tú, vos o usted).

◱ Oraciones muy cortas.

◱ Uso abundante de oraciones unimembres, como "Adiós", "Buen día".

◱ Uso frecuente de oraciones interrogativas: "¿Sigues ahí?".

Función metalingüística

Los vocativos son palabras que llaman, invocan y nombran. El propósito principal es poner el énfasis en el código. Por ejemplo, si decimos "*Ciprés* es una palabra aguda", no hacemos referencia al árbol, sino a la palabra en sí, o sea, al código.

Si nuestro interlocutor emplea un lenguaje técnico que desconocemos, podemos recurrir a la función metalingüística para pedir explicaciones.

Todos los días empleamos esta función, como cuando interrogamos: "¿Qué dijiste?" o "Papá, ¿qué significa *omnívoro*?", o "La hache es una consonante muda".

Las situaciones metalingüísticas más abundantes se producen en el aprendizaje de idiomas, en etapas escolares, o cuando alguien se expresa con un código que desconocemos: "¿*Cefalea* y *migraña* significan lo mismo?".

Recursos de la función metalingüística

◱ En este tipo de función, predominan las oraciones enunciativas: "*Argüir* significa lo mismo que *argumentar*".

- Hay muchas oraciones interrogativas: "¿Qué significa *cefalópodo*?".

- No hay adjetivos valorativos, salvo que se aclare su significado: "*Melifluo* significa dulce, como la miel'".

- Si la exposición que debes hacer –por ejemplo, dar una clase especial– contiene palabras técnicas o científicas, deberás emplear esta función y, en lo posible, dar un ejemplo: "son los animales marinos de cabeza voluminosa, rodeada por varios brazos que poseen ventosas. Son cefalópodos el pulpo, el calamar..."

Más de una función

Cualquier expresión lingüística tiene, por lo general, más de una función. Esto se puede comprobar con el siguiente ejemplo: "¡Albricias!" (función emotiva). "Laura y Julián contrajeron matrimonio" (función informativa). "Trae champán que vamos a brindar" (función conativa). "¿Me escuchaste?" (función fática). "Tu amada y otoñal sobrina pasó por fin a las huestes de las casadas" (función poética). "¿Entendiste ahora?" (función metalingüística).

La función predominante de una exposición o de un texto determinará la estructura del mensaje, el vocabulario, la sintaxis, etcétera.

Función poética

Esta función se aplica cuando ponemos el acento en cómo nos vamos a expresar, en la estética de nuestro discurso. No se trata solamente de la poesía o de los textos de los grandes autores, sino de procurar la organización más armoniosa, las palabras más adecuadas, el orden más claro y sencillo.

Pero no debemos confundirnos: aunque la función poética se preocupe por la estética esto no quiere decir que siempre prefiera la belleza o la armonía. La misma función del lenguaje se usará para dar la sensación de hechos horrorosos, situaciones patéticas y cualquier otra impresión que se quiera transmitir.

Recursos de la función poética

Los principales recursos de la función poética se toman de las llamadas figuras retóricas. Cada una de ellas responde a ciertos modos de hablar que se apartan de los más habituales con fines expresivos o estilísticos. Algunas de éstas son: anáfora, hipérbaton, aliteración, etcétera.

A continuación, veremos algunas de ellas.

No sólo en la poesía erudita: también en el habla popular abundan los recursos de la función poética.

▣ **Metáfora:** es un tropo que consiste en trasladar el sentido recto de las voces a otro figurado, en virtud de una comparación tácita; por ejemplo: "En sus años otoñales", "Me saqué las telas de araña de delante de los ojos", etcétera.

▣ **Juegos de palabras:** "A un hombre no le gusta ducharse con hombres a los que les gusta ducharse con hombres". Por favor, si vas a decir algo así, haz una pausa final y repite si ves que pocos sonríen.

▣ **Repeticiones intencionales:** "El mejor afrodisíaco es el amor. ¡El amor!".

▣ Se evitan las **cacofonías** y los sonidos que rimen en una misma frase, o sea, no hay que decir esto: "La educación es la única opción para la recuperación de la nación". ¿Qué palabras reemplazarías por sinónimos?

▣ En textos muy breves, de tipo apelativo, puede haber rima, con lo que tendremos dos funciones en la misma frase: "Usted sale ganando si revela sus fotografías en casa Fernando".

▣ Se emplea un lenguaje abierto a la evocación y a la sugerencia a través de los significados secundarios de las palabras. Por ejemplo, Miguel de Unamuno, al hablar de San Juan de la Cruz, lo llamaba "madrecito".

▣ **Personificaciones** tales como "La codicia rompe el saco".

▣ Se emplean **anáforas**, o sea, repetición de una o más palabras al comienzo de frases contiguas: "Los criminales deben estar presos. Los criminales deben ser regenerados".

▣ **Antítesis:** es decir, oposiciones: "Lloran los justos y ríen los culpables".

▣ **Imágenes sensoriales:** "Se me erizaron los cabellos", "El aire olía a retama", "El coche trepidaba en el empedrado".

▣ **Metonimia:** es aludir a algo nombrando otra cosa contigua, como "Es la mejor raqueta del país" por "Es el mejor jugador de tenis del país".

Consejos útiles

Como te podrás imaginar, saber los recursos de los cuales dispones para enfatizar la función de tu mensaje no alcanza para ser un buen orador. A un discurso hay que darle emoción: intriga, matices, vivacidad... Y todo eso sin perder la claridad ni la elocuencia. ¿Quieres algunos consejos?

¡Te ayudarán!

Independientemente de la función que predomine en tu mensaje, ten en cuenta estos consejos:

- Sé lo más claro posible. Un mensaje es claro cuando el receptor no debe hacer esfuerzos para entenderlo.

- Si en el momento de estar exponiendo no encuentras la palabra exacta para expresar esa idea, no te desesperes: si comprendes la idea que quieres transmitir, darás algún rodeo, acaso no encuentres "esa" palabra, pero no quedarás en ridículo.

Un neologismo es una palabra nueva, no aprobada por la Real Academia de la Lengua ni incorporada a los diccionarios.

- Si al exponer notas que repites las mismas palabras, mira en este capítulo algunos sinónimos de uso corriente que pueden servirte en todo tipo de discurso.

- Trata de ser conciso. No sobrecargues cada frase con detalles que no llevan a nada.

Uso correcto de los gerundios

› El *gerundio simple* indica un proceso simultáneo o inmediatamente anterior con respecto a otro verbo: "Caminaba silbando" (caminaba y silbaba a la vez); "Golpeando con fuerza, abrió la puerta" (primero golpeó e inmediatamente abrió).

uso correcto
Llegó un barco cargado con bananas.

uso incorrecto
Llegó un barco cargando bananas.

› El *gerundio compuesto* indica un proceso anterior al del verbo principal: "Habiendo cumplido con su tarea, se retiraron a descansar". O sea que primero terminaron las tareas y luego se retiraron. No conviene abusar del gerundio compuesto, pues hace "pesada" la oración: el oyente tiene la sensación de escuchar un aburrido discurso escolar.

› El *gerundio absoluto* es el que tiene su propio sujeto y va siempre entre comas o con pausa breve, si es un uso oral: "Habiendo declarado el testigo principal, se pasó a cuarto intermedio".
El gerundio absoluto tiene las siguientes modalidades o valores:

a. Modal: "Siendo ustedes tan amables, les dejaré un obsequio". Equivale a: "Puesto que, como, ya que".

b. Causal. "Cesando la lluvia, salieron del refugio". Equivale a: "Porque la lluvia cesó...".

c. Condicional. "Venciendo a los enemigos, podremos avanzar". Equivale a "Si vencemos a los enemigos...".

d. Concesivo. "Sin embargo, resultando tan claro el informe, pocos lo aceptaron". Equivale a: "Aunque el informe resultó muy claro, sin embargo, pocos lo aceptaron".

El uso indiscriminado de gerundios hace que algunas expresiones suenen "tarzanescas".

Hay personas que malogran su conversación con datos innecesarios, por ejemplo: "Ayer a la tarde, más o menos a las cinco, cuando acababa de beberme un té, recibí el llamado de un amigo que hace unos dos meses que vive en Francia y que me llamó para decirme que había encontrado en París un café que tiene como nombre mi apellido". ¿Para qué sirven los datos de la hora, el té, el tiempo que vive el amigo en Francia? Lo fundamental del mensaje es: En París hay un café que se llama como yo. (Idea principal) Me lo dijo un amigo que vive allí (idea secundaria).

◘ No pretendas imitar la manera de hablar de nadie, ni la entonación de otra persona, ni los gestos de quien admiras. Sé tú mismo.

◘ Prefiere palabras cortas. ¿Por qué usar "recepcionar" (que además es un neologismo), si tenemos el verbo "recibir"?

◘ No abuses de los gerundios. Tienen funciones precisas como puedes ver en la página anterior.

una función poética puede emplearse "al alba" o alguna expresión equivalente, como "apenas salió el sol". Algunas personas se esfuerzan tanto por no repetir vocabulario, que caen en el lenguaje rebuscado. No hay mejor forma para ampliar el vocabulario que la lectura constante. Con los antónimos no existen tantos problemas, pues el uso de una palabra que signifique lo contrario rara vez implica repetición o redundancia.

El gerundio tiene usos muy concretos. Si dudas, procura reemplazar los gerundios por otras formas equivalentes.

Sinónimos y antónimos útiles para cualquier exposición

Un objeto, una situación, pueden estar aludidos de distintas maneras. Decimos "al amanecer", pero también podemos decir "al alba" y todos los hispanohablantes nos entenderán. A las palabras que se emplean para designar aproximadamente lo mismo se las llama **sinónimos**. Cuando una palabra expresa lo opuesto, estamos ante los **antónimos**. Si bien no es lo mismo decir cálido que decir caliente (lo cálido no quema, lo caliente puede quemar), necesitamos valernos de los sinónimos para evitar monótonas repeticiones.

El uso particular de cada sinónimo dependerá del contexto del hecho de habla: "al amanecer" se empleará en toda ocasión, pero cuando se busque

Los niños y la función fática

Fue el lingüista Roman Jakobson quien propuso las funciones del lenguaje tal como las presentamos en este libro. En su obra *Ensayo de lingüística general*, afirma que la función fática es la primera que aprenden los niños pequeños, porque ellos desean comunicarse pero no tienen aún capacidad para enviar mensajes. Así, con frecuencia, les dicen cosas como "Theo, te estoy hablando, ¿me escuchas? Es hora de irse a la cama". Y Theo escucha, pero no puede responder que quiere quedarse jugando un rato más, o que no tiene sueño, etcétera.

Listado de sinónimos y antónimos para toda ocasión de habla

Para ampliar el vocabulario, no hay nada mejor que leer mucho.

Sinónimos	Antónimos
Interesante, ameno.	Aburrido, insulso.
Destruir, aniquilar, acabar con...	Crear, producir, engendrar.
Decir, expresar, manifestar, explicar, sentenciar, formular, proferir, declarar, señalar, exponer, mencionar, insinuar, aducir.	Callar, enmudecer, omitir, ocultar, silenciar, reservar, cerrar la boca, no chistar, ser un sepulcro, prescindir, hacer caso omiso, dejar en el tintero.
Afirmar, aseverar, ratificar, confirmar, avalar.	Negar, refutar, desmentir, rechazar, disentir.
Actual, presente, contemporáneo.	Pasado, pretérito, remoto, antiguo.
Amable, gentil, afable, cortés.	Hosco, antipático, huraño, descortés.
Disminuir, aminorar, atenuar, moderar, reducir, decrecer.	Aumentar, crecer, superar, agrandar, incrementar.
Igual, parejo, idéntico, equivalente.	Desigual, distinto, diverso, disímil.
Faltar, acabarse, carecer, menguar.	Sobrar, exceder, abundar.
Evitar, rehuir, eludir, esquivar, pasar por alto.	Ser forzoso, ser necesario, implicarse.
Frecuente, usual, habitual, reiterado.	Raro, desusado, insólito, excepcional.
Beneficio, utilidad, provecho, rendimiento, ganancia.	Desventaja, desfavorable, lesivo, contrario.
Entender, comprender, interpretar, discernir.	No comprender, ignorar, desconocer.
Acertar, descifrar, adivinar, hallar.	Errar, caer en el error, engañarse, confundirse.

Antes de hablar...
hacemos planes

> *El pensamiento lateral.*

> *El plan para la exposición.*

> *Problemas de género y número.*

Para que el público pueda apreciar tus palabras, qué mejor que sorprenderlo con ideas originales, planteos creativos y una corrección gramatical que supere las pruebas más exigentes. Esto lo lograrás aplicando la inteligencia divergente... ¿Cómo? ¡En este capítulo lo verás!

La organización del discurso

¿De qué vamos a hablar?

El primer paso para una exposición oral, ya sea formal o informal, es saber qué se va a decir. Hay que partir de una idea y luego organizar las nuevas. Con algunas técnicas, también se puede incrementar la creatividad para que esos nuevos temas sean originales.

Tengo una idea

S i vamos a hablar en público, necesitamos tener algo para decir. El meollo de ese algo siempre se puede sintetizar en pocas palabras, cuantas menos, mejor. Estamos refiriéndonos al tema de tu exposición. ¿Cuál es el tema de este libro? La comunicación oral. A partir de esa primera idea fueron surgiendo otras, las que llamaremos *subtemas*.

Es importante que la idea general se sintetice en una frase abstracta, y los motivos para hacerlo son:

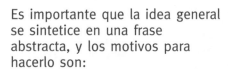

- A medida que avanzamos en el desarrollo de nuestro discurso, podemos desviarnos, ampliarlo hacia otras áreas, en suma, se puede perder el rumbo.

- Si debes informarte o buscar datos, la buena formulación del tema será de suma importancia para tu investigación en bibliotecas o Internet. Además, en muchos libros y enciclopedias hay un índice general (de los contenidos, capítulo por capítulo) y un índice alfabético que permite una búsqueda más detallada, partiendo del nombre de algún personaje citado u otros ítems de importancia, según el tema.

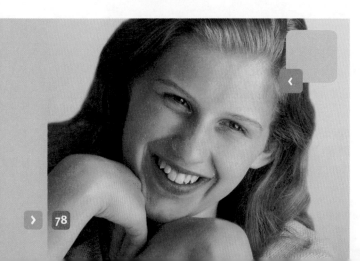

Imagina un libro de recetas de comidas chinas ordenado alfabéticamente. Quieres probar algo, pero, como desconoces los ingredientes de los distintos platos, no sabrás qué necesitarás para hacer *chaw mein* o *chowder*. En un índice temático tendrás organizadas las recetas por el tipo de ingredientes: aves, arroz, carnes, huevos, pastas, verduras, etcétera.

Ampliación del tema

Julia debe exponer en un club de criadores de perros de raza dálmata. Su idea es abordar el tema de los ojos de los dálmatas. Puede anotar algunos subtemas en una hoja; también puede buscar "Perros de raza dálmata" en enciclopedias o en Internet. Si lo hace, seguramente acopiará bastante información..., que puede resultarle caótica. Ganaría tiempo y esfuerzo si hiciera primero un mapa de contenidos con lo que ya sabe y lo que desearía saber. El mapa puede quedar así:

Ahora tiene una primera aproximación para acelerar la búsqueda. En lugar de leer *todo* sobre la raza dálmata, buscará las palabras claves de los óvalos. En esta etapa, en el círculo u óvalo central, se escribe el tema principal y, alrededor de él, lo que ya sabemos (por ejemplo, que sus ojos tienen párpados) y las cosas que queremos averiguar (qué enfermedades tienen, cómo deberían ser los cuidados).

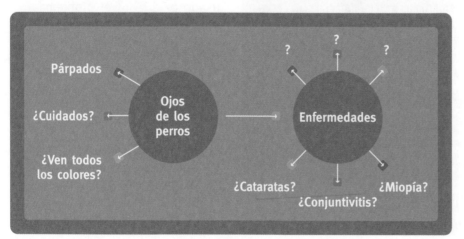

Un mapa conceptual ayuda a preparar un discurso, pues dispara ideas y facilita la búsqueda.

De cada subtema pueden surgir interrogantes precisos (¿padecen conjuntivitis?) o cosas que no sabemos cómo resultarán en la búsqueda. En tal caso, se trazan círculos con signos de interrogación. Para facilitar la lectura y la organización, se sugiere trabajar asignando un color (también puede ser un símbolo) para cada subtema.

Tu mente no es una computadora

El cerebro humano es muy diferente de una computadora.

Notas versus mapas conceptuales

A partir de los problemas que presentaban los estudiantes estadounidenses al exponer en exámenes orales, se realizó un estudio sobre la relación entre la capacidad de entendimiento, la memoria, los resultados de los exámenes y la capacidad de tomar notas.

Las conclusiones de la investigación revelaron que las notas tomadas de manera tradicional no elevan el rendimiento. Algunas de las razones son:

> Las ideas principales están en páginas diferentes y, a veces, "oscurecidas" por palabras irrelevantes.

> Las notas son de un solo color, poco atractivas desde el punto de vista visual y, por lo tanto, no estimulan el recuerdo ni la asociación.

> Las notas obligan a releer cosas innecesarias.

> No generan conexiones ni contribuyen a la creatividad.

Como corolario, los alumnos que hacían mapas conceptuales obtenían logros mucho mayores que quienes no los hacían.

Una computadora trabaja en forma lineal; si estás por escribir una nota en tu PC, sigues pasos, uno por uno: abres el procesador de textos, si quieres poner el título en mayúsculas oprimes la tecla bloqueo de mayúsculas, si deseas resaltarlo pones la opción "negrita", etcétera. Una sola cosa por vez, si no, la computadora no responde, no hay manera de hacerlo sino linealmente.

En cambio, el cerebro humano trabaja de forma asociativa y lineal a la vez; compara, integra sintetiza a medida que funciona. Todo al mismo tiempo. Podríamos decir que la mente humana tiene capacidad *holística*, esto es, que puede atender a todo orgánicamente, aunque también puede fijar su atención en un único aspecto. Los psicólogos que más han estudiado el funcionamiento de la creatividad dicen que hay dos tipos de pensamiento: el *convergente* y el *divergente*.

El pensamiento **convergente** es el usado para resolver problemas que tienen una única solución, problemas con datos fijos, como cuando haces una cuenta de multiplicar o de dividir. Es una inteligencia lógica, segura, prudente, conservadora, que aplican las personas que se desempeñan con eficiencia..., pero con poca creatividad. Son las que siguen patrones ya establecidos por otros, los cumplidores, a quienes difícilmente se les ocurrirá *otra* solución.

El pensamiento lateral

Aunque te parezca que este tipo de pensamiento sólo puede ayudarte a la hora de resolver acertijos, es al revés: tener la habilidad de solucionar acertijos puede ayudarte en innumerables situaciones de la vida diaria, como encontrar un enfoque original para tu exposición oral.

Entrenando la creatividad

El pensamiento *divergente*, llamado también *pensamiento lateral*, es el que puede inventar situaciones diferentes. Menos conformista, innovador, se le ocurren cosas originales.

Este tipo de creatividad exige algunos esfuerzos. En general, vivimos de manera planificada, rutinaria, haciendo una y otra vez las mismas cosas con los mismos esquemas.

Quizá te preguntes: "¿Qué tiene que ver esto con una exposición oral?". Tiene que ver con que, aplicando el pensamiento lateral, practicando romper estructuras fijas, podrás encontrar ese enfoque que hará de tu clase o tu examen algo original, innovador; se te ocurrirán otras cosas para tu "mapa de contenidos".

Con el pensamiento lateral, hasta la matemática puede enfocarse de otra manera, porque ¿cuánto es la mitad de dos más dos? El pensamiento convergente hace esto: 2+2=4, la mitad de 4=2.

El pensamiento lateral hace esto: la mitad de dos es 1; 1+2=3. La mitad de 2 más 2 da 3.

Albert Einstein (alemán, 1879-1955) dijo que de niño pensaba cómo sería cabalgar en un rayo de luz, y que ése fue el comienzo de su teoría de la relatividad. Sin duda, pensamiento lateral.

El plan para la exposición

Una vez completado el mapa de contenidos, llega el momento de recabar información sobre el tema y los subtemas elegidos. Recuerda que, si haces el mapa de contenidos, ganarás tiempo y esfuerzo…, ¡y los resultados serán notables! La exposición resultará coherente y podrás manejarte con seguridad ante tu auditorio.

¡Manos a la obra!

Los colores te ayudarán a visualizar rápidamente la información.

Provéete de marcadores de colores y hojas en blanco, y comienza a crear tus propios "mapas" con los apuntes o los libros que tengas a tu disposición, y con aquellos a los que recurras para tratar de solucionar las incógnitas del "mapa".

Asimismo, si para tu exposición utilizarás información extraída de Internet, haz lo posible por tenerla impresa, ya que así podrás darle el mismo tratamiento que al resto de los textos.

Lo más conveniente es utilizar códigos de colores; por ejemplo: el rojo para el subtema 1, el azul para el subtema 2, el verde para el subtema 3, etcétera.

Al hojear los apuntes, subraya los sustantivos y los verbos claves siguiendo los códigos de colores. Eso te permitirá hacer un nuevo mapa de contenidos que estimulará tu memoria. También puedes hacer un mapa de contenidos subtema por subtema. No fijes más de tres o, a lo sumo, cuatro subtemas para tu exposición. Cuando concluyas con los "mapas", estarás listo para hacer un plan. El plan es el boceto, la guía cronológica de la exposición: cómo empezar, cómo seguir, cómo cerrar esa clase o exposición oral. Un plan se divide de la siguiente manera.

Introducción

Por lo general, es un resumen breve del tema elegido. También se enumeran los tres o cuatro

subtemas principales de la ponencia. Conviene que la introducción sea corta. En lugar de "Voy a hablar sobre la alarmante falta de una adecuada atención respecto de un asunto tan importante como la prevención de los riesgos de trabajo de los empleados de la construcción" (30 palabras), se prefiere esto: "Voy a hablar de los riesgos de trabajo de los empleados de la construcción" (14 palabras).
Si hallaste un matiz original para tu clase, puedes comenzar enunciándolo. Con esto crearás suspenso o expectativas que harán mantener el interés del público. Por ejemplo: "Cambiar de lugar en la mesa ayuda a mejorar la calidad de vida de toda la familia".

Desarrollo

Es la exposición, propiamente dicha, de los subtemas. Ten en cuenta estas sugerencias:

▶ Conviene dividir el desarrollo en dos o tres subtemas bien organizados. Más de tres subtemas pueden confundir y no se recordarán con facilidad.

▶ En tu cálculo del tiempo, prevé que deberás hacer pausas para separar un subtema de otro y que será conveniente que repitas aquellos puntos que se necesitan tener presentes.

▶ Si vas a hacer uso de diapositivas, láminas, gráficos, etcétera, o si vas a anotar algo en el pizarrón, calcula un tiempo adicional: los otros necesitan su tiempo para ver bien lo que tú ya conoces, y quizá quieran anotar algo. Escribir requiere también más tiempo.

▶ Calcula cuántos minutos dispondrás para desarrollar cada subtema. O sea que debes dividir los subtemas según los puntos terciarios que puedan surgir de cada uno de ellos.

▶ No aportes demasiados detalles, porque confunden y ocultan la información principal.

▶ Piensa en las posibles preguntas que te harán. Todas deben responderse de manera breve. Contesta y continúa. O sea que debes prever en tu cálculo de tiempo unos dos o tres minutos para responder preguntas.

En tu plan, presta atención a los módulos de tiempo para cada información y al uso de materiales adicionales, como láminas, diapositivas, etcétera.

▣ Si no hay preguntas y temes terminar tu disertación muy rápidamente, al concluir la exposición interroga: "¿Hay alguna pregunta?".

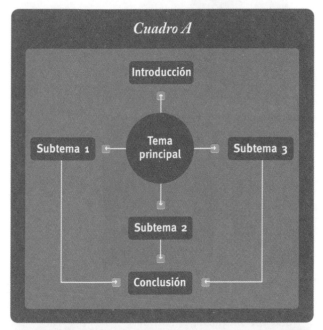

Cuadro A

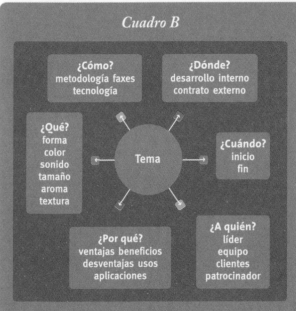

Cuadro B

Conclusión

Pregúntate cuáles son las conclusiones derivadas de tu exposición. Tu conclusión también puede ser un breve resumen de lo expuesto.

Tu plan en forma de mapa conceptual

Una manera muy práctica para tener el "golpe de vista" de tu plan –lo que ayudará también a fijarlo en la memoria– es hacer un mapa conceptual. Guíate por el siguiente ejemplo del cuadro A. En el centro pon el tema principal. Dale un color. "Ramifica" con los subtemas, a los que les asignarás otro color. Escribe en ellos las palabras claves, como en un telegrama. Cada subtema deberá tener su rótulo en el círculo u óvalo correspondiente.

De cada subtema deriva nuevas ramificaciones con las palabras claves para identificarlas rápidamente. El "golpe de vista" te permitirá, entre otras cosas, comprobar si no hay elementos repetidos.

Mapa "todo terreno"

Observa el cuadro B y, según tu discurso, adáptalo.
Está basado en seis preguntas generadoras de ideas: quién, qué, cómo, cuándo, dónde, por qué. Resultará útil para organizar tu plan.

Problemas de género y número

Mientras hacemos el plan de nuestra exposición, sería bueno que vayamos puliendo nuestro discurso y que desterremos algunas dudas frecuentes con respecto al género y el número de los sustantivos, ya que un error deslucirá nuestra presentación o será fuente de malentendidos.

Cuando el género dificulta la comprensión

Los géneros de los sustantivos, los adjetivos y los pronombres son, en castellano, *masculino*, *femenino* y *neutro*. El neutro está limitado al artículo singular **lo** y a los pronombres **esto**, **eso**, **aquello**. En algunos casos, ciertos sustantivos cambian su significado según el género al que pertenecen; por ejemplo: *margen* en femenino (la margen) es "la orilla de un río" y en masculino (el margen) es el espacio en blanco que queda en todos los lados de una hoja de papel. Algunos sustantivos tienen género *ambiguo*, lo cual quiere decir que pueden emplearse como masculinos o femeninos, sin que su significado cambie, como *azúcar*: "**el** azúcar se quemó", o "prefiero azúcar blanc**a**".

Si tienes dudas respecto del género, lee varias veces el siguiente listado. Al lado de cada palabra se consigna: **m.** (por "masculino") o **f.** (por "femenino"). Si varían de significado según el género, tendrás la explicación pertinente. Los de género ambiguo se consignan como **amb.**

- **Casete: f.** Cuando significa "caja que contiene una cinta grabada"; **m.** Cuando equivale a "magnetófono".

- **Coliflor: f.** (¡Es la flor de la huerta!).

Un apócope es la pérdida de una letra o varias letras al final de un vocablo.

La forma correcta es la coliflor y no el coliflor.

El género en castellano sirve para eliminar las ambiguedades.

▪ **Cometa: f.** Cuando se refiere a un juguete llamado también barrilete; **m.** Cuando significa "cuerpo celeste".

▪ **Dínamo** o **dinamo: f.**

▪ **Doblez: m.** Cuando significa "parte que se dobla" o "señal que queda al doblar algo"; **f.** Cuando significa "mala fe".

▪ **Editorial: m.** Cuando significa "artículo de fondo de una publicación"; **f.** Cuando significa "casa que edita libros".

▪ **Génesis: m.** Cuando significa "primer libro de la Biblia"; **f.** Cuando significa "origen o principio".

▪ **Interrogante: m.**

▪ **Lente: amb**. El uso prefiere masculino plural cuando significa "los anteojos", y femenino plural cuando significa "cristales refringentes".

▪ **Milhojas: f.** cuando se refiere a una planta llamada así; **m.** Cuando significa "pastel".

▪ **Orden: m.** Cuando se refiere a quietud, ordenamiento o estilo arquitectónico; **f.** Cuando se refiere a comunidades religiosas o significa "mandato". Por ejemplo: "el orden jónico" y "la orden salesiana", o "la orden era no innovar".

▪ **Radio.** Es masculino con los siguientes significados: 1. Línea geométrica. 2. Hueso. 3. Metal. 4. Cuando significa "radiograma". Es **femenino** cuando es apócope de "radiodifusión" o "radiorreceptor".

▪ **Sartén: f.** "la sartén grande".

▪ **Trípode: m.**

Frases de plural irregular

Argumento clave. Argumentos clave.
Escuela modelo. Escuelas modelo.
Hombre lobo. Hombres lobos.
Mujer araña. Mujeres arañas
Niño prodigio. Niños prodigio.
Partícula clave. Partículas clave.
Sanatorio modelo. Sanatorios modelos.
Sombrero hongo. Sombreros hongo.
Sueldo base. Sueldos base.

El cometa Hale-Bopp, que nos visitó en 1997.

Corrección de errores

› *Dequeísmo y queísmo.*

› *Expresiones equivocadas.*

Cometer errores es humano... Si esto sucede por falta de preparación, estudiando más se soluciona. Si el problema son los nervios del momento, con un té de tilo se soluciona. Pero si tenemos errores incorporados en el habla debido a la imitación de malos ejemplos, leyendo este capítulo se soluciona.

En el momento de corregirnos
Lo que debe evitarse

El plan mejor formulado, la preparación más intensa pueden fracasar cuando se cometen algunos errores. Puede tratarse de expresiones que, por repetidas en los medios de comunicación, hemos asimilado como si fuesen correctas, o de algunos "vicios" que adoptamos de nuestro entorno habitual, etcétera.

Buena expresión oral, pero...

Puede tenerse un excelente manejo del idioma y un gran conocimiento del tema, y, aun así, por ansiedad o por desconocimiento de algunos

secretos de la comunicación, cometerse errores que desluzcan una clase especial. Justamente, en este apartado trataremos de acercarte las claves para develar esos secretos.

Convertirse en un profesional de la comunicación lleva su tiempo, pero es posible lograrlo tratando de evitar los errores más comunes. Y éstos son:

Muletillas

Son esas palabras o frases que se repiten con demasiada frecuencia, como si fuesen muletas de la expresión; por ejemplo en "Las guerras carlistas..., este..., se llevaron a cabo cuando..., eeeh... en España, entre los..., este... miembros de la familia Borbón... eeeh...". Las muletillas pueden originarse en una excesiva timidez

o por no conocer a fondo el tema. Si eres muy tímido, repasa el capítulo relacionado con cómo vencer el miedo a hablar en público. Si no conoces bien el tema, estúdialo con profundidad y haz mapas conceptuales, los que te ayudarán a fijar los conocimientos.

Vaguedades

Si tienes una propuesta, ésta debe ser específica. Por ejemplo, si tienes que proponer una manera de recaudar fondos para el viaje de egresados, es erróneo decir: "Vendamos algo". ¿Qué vender? ¿Dónde? ¿A quiénes? es distinto decir: "Vendamos rifas y el que gane se llevará el disco compacto que elija".

Nombres propios

Si en tu clase especial vas a nombrar a alguien o algún lugar, especialmente si se trata de nombres propios extranjeros, anota en el pizarrón cómo se escriben. Ejemplo: "Durante el gobierno de Stalin, Rusia anexó a su territorio las repúblicas de Kazajtán, Uzbekistán y otras". (Sé sincero: ¿hubieses podido escribirlas sin errores sólo con oír sus nombres?)

¡No corras!

No sólo deben hacerse pausas para cambiar de tema o para destacar algo, sino también para dar tiempo a los que toman notas.

Destacar lo más importante

Los conceptos más sobresalientes de tu exposición deben destacarse, ya sea anotando las palabras clave en el pizarrón o repitiendo brevemente el concepto.

Tu exposición debe ser lo más clara y contundente posible. Destaca siempre lo más importante por sobre lo superficial.

Si no lo haces, tus compañeros pueden pasar por alto ideas importantes y llegar a tener dificultades para seguir con atención la exposición de tu discurso.

Fuera de tema

Para que los conceptos más importantes no se pasen por alto, debes repetirlos brevemente. Es posible que sepas alguna anécdota divertidísima de Abraham Lincoln, y puedes contarla con mucha gracia, pero si tu clase trata sobre los plaguicidas que combaten el pulgón verde de las moreras, olvídate de Lincoln, a menos que esa anécdota haga referencia al pulgón verde o a las moreras. No te vayas de tema, sacrifica algunas cosas en bien de la coherencia.

En una clase especial, llevar unas notas es mejor que leer.

¡No leas!

La lectura, aun a los mejores actores, les resta movilidad, gestualidad. Es mucho mejor que tomes algunas notas (tipo telegrama) o que lleves un mapa conceptual, pues ganarás espontaneidad y emotividad. Y, de paso, demostrarás que te preparaste muy bien.

No pases cosas para que las miren individualmente

Si debes mostrar algo, presenta una diapositiva o prepara una lámina. Cuando se mira algo individualmente, se pierde la atención: el vecino de quien tiene ese objeto (o lo que fuere) sentirá curiosidad por mirarlo antes de que llegue a sus manos.

Al alcanzar el final de la fila, se preguntarán si los de adelante o los de atrás ya lo vieron, etcétera. Nada debe desviar la atención de ti o de lo que muestras. Si presentas, por ejemplo, un cronómetro que se activa soplándolo, di que has traído algunas muestras para que lo prueben después de tu exposición.

Conceptos difíciles

Si alguno de los conceptos que vas a exponer pueden resultar difíciles, tómate más tiempo y, luego, cerciórate de que se ha entendido diciendo, por ejemplo "¿Alguna pregunta sobre este tema?".

Dequeísmo y queísmo

El *dequeísmo* consiste en anteponer la preposición *de* al pronombre *que* cuando no corresponde. El error contrario es el *queísmo*, y ocurre cuando se suprime la partícula 'que' en oraciones que sí deben llevarla.

De qué hablamos

Para hablar de *dequeísmo* y de *queísmo*, primero debemos comprender qué es una proposición subordinada.

Una proposición subordinada es aquella que depende de otra; si toda la subordinada funciona como un sustantivo, se la llama *subordinada sustantiva*, por ejemplo: "Quien calla, otorga". "Quien calla" equivale a un sustantivo, y es el sujeto, como se comprueba pasando todo a plural: "Quienes callan, otorgan". El verbo también pasó a plural, hay concordancia, por lo tanto la subordinada es el sujeto de la oración.

Las subordinadas sustantivas pueden funcionar como sujeto, objeto directo, objeto indirecto, término de una preposición (como en "Insistió en que nos quedásemos a cenar", o sea, "insistió en **esto**"), o **predicado verbal** como en "Él es quien mintió".

¿Cuándo se produce el dequeísmo?

El dequeísmo se produce sobre todo en las oraciones subordinadas sustantivas con función de sujeto o de objeto directo. Veamos un ejemplo:

Me consta que dijo la verdad.

sujeto

El dequeísmo es un error tan frecuente que parece un uso correcto del lenguaje.

Una frase verbal está formada por un verbo y un verboide (participio, gerundio, infinitivo) que funcionan como un solo verbo.

Comprobamos que es sujeto pasando a plural y reemplazando por el pronombre "esto": "Me constan **estas cosas**" o "Me consta **esto**".

El dequeísmo consiste en decir: "Me consta de que dijo la verdad".

Veamos más ejemplos: "Sabemos que habrá aumentos de tarifas"; se puede reemplazar por: "Sabemos esto". Aquí, la subordinada funciona como objeto directo. Es incorrecto decir "Sabemos de que habrá aumentos de tarifas".

Una manera bastante fácil para corregir estos errores consiste en reemplazar la frase que se va a decir por "esto" (o "estas cosas", en plural) o "de esto".

Ejemplo: "Me acuerdo... siempre me compraba caramelos". ¿Me acuerdo "esto" o me acuerdo "de esto"? Completamos: "Me acuerdo de que siempre me compraba caramelos".

Como se ve, algunos verbos exigen el uso de una preposición para construir el complemento. Los verbos y frases verbales más usados son:

- Estar seguro de
- Estar persuadido de
- Confiar en
- Insistir en
- Estar enterado de
- Estar convencido de
- Tener miedo de
- Fijarse en
- Enterarse de
- Tener la intención de

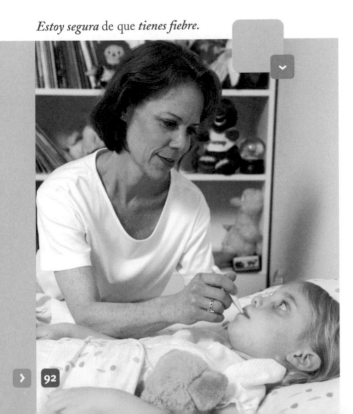

Estoy segura de que tienes fiebre.

¿Y el queísmo? ¿Qué es?

El queísmo consiste en no poner la preposición que corresponde antes de la subordinada, como vimos en el listado de verbos anteriores. Así, es un error decir "Estoy enterado que se enfermó Juana". Lo correcto es "Estoy enterado de que se enfermó Juana".

Otra forma de cerciorarse si corresponde una preposición o no antes de la subordinada es cambiar la oración afirmativa por una interrogativa: "¿Qué creo?", no "¿De qué creo?"; "¿De qué me enteré?", no "¿Qué me enteré?".

Expresiones orales equivocadas

Las que siguen son algunas de las expresiones orales en las que se comenten errores. Léelas: acaso sonrías al hacerlo. Y no olvides marcar aquellas en las que tú también te equivocas. Sólo reconociéndolos podremos superar los errores.

A la búsqueda. Lo correcto es *en busca*.

A la hora. Mal empleado cuando se refiere a la velocidad de algo, como en *El automóvil iba a 90 kilómetros a la hora*. Debe decirse *por hora*.

A lo que veo. Lo correcto es *por lo que veo*.

A nivel de. El sustantivo *nivel* significa "altura, grado, categoría, situación". No debe emplearse sin que aluda a esos significados. Por lo tanto, son incorrectas las siguientes frases: *A nivel municipal, no hubo novedades*; debe decirse *En el municipio...* *Esto se sabe a nivel de la calle* hay que reemplazarlo por *Esto se sabe en la calle.* *A nivel de los médicos la situación es complicada*; lo correcto es *Entre los médicos la situación es complicada*. Sí está bien empleada la expresión en estos ejemplos: *Ya estamos a nivel europeo; Intentaré llegar al nivel de mi padre.*

A resolver. Incorrecto. Si tienes problemas, serán *por resolver*.

Allí fue que lo abordé. Incorrecto. Lo correcto es *Allí fue donde lo abordé*.

A medida en que... Incorrecto. Di *a medida que*, por ejemplo: *A medida que avanzábamos el camino era más estrecho*. Si, en cambio, se desea señalar un punto de vista, una opinión, debe decirse *en la medida en que*; por ejemplo, *En la medida en que las leyes existen, debemos cumplirlas*.

¡Cuidado! Las expresiones destacadas son las incorrectas.

93

¿Cuándo fue que te llamó? Di *¿Cuándo te llamó?*

Dado los resultados... Debe respetarse la concordancia: resultados está en plural, y el adjetivo debe concordar con el: *Dados los resultados.*

Dar un giro de 360°. Esto no significa hacer lo opuesto, sino volver al mismo punto. Di *dar un giro de 180°.*

De ahora en más... No es correcto. Reemplaza por *de ahora en adelante.*

De esto era que quería hablarte. Reemplaza por *de esto quería hablarte.*

De otro lado. Salvo en expresiones como *Él venía de la ciudad y ella de otro lado*, lo correcto es *por otro lado*, cuando se desea agregar algo: *Había sido el mejor alumno de su promoción; por otro lado jamás faltaba a clase.*

De vuelta. Ninguno de los significados de la palabra *vuelta* equivale a *nuevamente.* Por lo tanto, no debe decirse *hagan el trabajo de vuelta* sino *hagan el trabajo nuevamente.*

Bajo este punto de vista... Incorrecto. *Bajo* es una preposición que indica inferioridad. Lo correcto es *desde* este punto de vista.

Cero grados. Cero es singular, por lo tanto se trata de *cero grado.*

¿Cómo fue que pasó? Lo correcto es *¿cómo pasó?*

Desde ya. Lo correcto es *desde ahora.*

El día miércoles tengo una cita. Error de redundancia. Basta con decir *El miércoles,* o el día que fuere.

En base a... Error: debe decirse *sobre la base de*, o *basándonos en*.

En el interín. Primero: se trata de una palabra esdrújula: ínterin. Segundo, significa *entre tanto*, *mientras*. Por lo tanto, decir "en el ínterin nos dedicamos a leer" es un error, pues si reemplazamos quedaría *en el mientras...* o *en entre tanto*. Reemplaza por esas palabras: entretanto o mientras, para no equivocarte.

En plena escalera. *Pleno* significa "completo". Debes decir *en medio de la escalera*.

Jugó un papel decisivo. Los papeles no se juegan, se desempeñan, por lo tanto, debes decir *Desempeñó un papel decisivo*.

Hace diez años atrás. Elige una de estas expresiones: *hace diez años o diez años atrás*. Si no, es redundancia.

Hubo un lleno total. ¿Hay llenos parciales? Di *La sala estaba llena*, o *No cabía nadie más*.

Instrumento a cuerda. Si te refieres a violines, arpas, pianos, etcétera, son instrumentos *de* cuerda.

Más nada. Lo correcto es *nada más*.

¿Puede una señora cortarse el cabello ajeno?

En castellano, la pertenencia o posesión se expresa con el verbo tener, o mediante los posesivos: *Tengo una casa*; *Mi perro se llama Toby*; *Vino mi madrina a visitarme*.

Los posesivos (mío, tuyo, suyo –mi, tu, su, apocopados– nuestro, vuestro, suyo y los plurales correspondientes) sirven para situar el sustantivo con respecto a una de las personas que participan en la comunicación.
No deberían emplearse para referirse a las partes del cuerpo, es decir, a elementos que se sabe que son nuestros, que no le pertenecen a nadie más.
Cuando se emplea un posesivo referido al cuerpo humano, suena a redundancia: *Me corté mi cabello*: ¿Qué otro cabello podría cortarme, sino el mío? *Se operó su nariz*, ¡Bueno estaría que se operara una nariz ajena! Por lo tanto, evita estas formas y usa artículos: *Me corté el cabello*; *Se operó la nariz*; *La señora se quebró la cadera*.

¡Cuidado! las expresiones orales suelen confundirnos por su frecuente uso.

Más nadie. Lo correcto es *nadie más*.

Media loca. ¿Qué se entiende por *media manzana*? La mitad. *Media* es un adjetivo (puede ser sustantivo, como en *Me compré medias* **de lana**). Los adjetivos *'medio', 'media'* significan *mitad*. El adverbio medio significa *no del todo*. Los adverbios no tienen género femenino ni masculino, son invariables. Por lo tanto, hay que decir *medio loca*.

No estoy de acuerdo en lo absoluto. Error. Di *No estoy de acuerdo en absoluto*, sin *lo*.

¿Qué tan lejos queda? Herencia de los doblajes de cine y televisión. Lo correcto es *¿queda muy lejos?*

Quince años de edad. Es una expresión redundante. Di *tiene quince años.*

Reloj pulsera. Lo correcto es *reloj de pulsera*. ¿Acaso decimos *reloj pared*?

Se necesitan personas de ambos sexos. ¿Buscan hermafroditas? El adjetivo 'ambos' significa *el uno y el otro*. Debes reemplazar por *Se necesitan empleados y empleadas*. Si resulta muy largo, *Se necesita personal*.

Sentarse en la mesa. Eso significa sentarse *sobre* la mesa. Lo correcto es *sentarse a la mesa*.

Subir arriba. Es redundante. Hay que decir solamente *subir*.

Tan es así. El adverbio *tanto* no apocopa (recuerda: apócope es pérdida de una o más letras), por lo tanto, lo correcto es *tanto es así*.

Vestido en tonos pasteles. Error. El matiz se indica en singular: *vestido en tonos pastel*.

Volvemos en breves minutos. ¿Cuántas veces oíste esto en televisión o por radio? Es un error, pues 'breve' *significa de corta extensión o duración*. Los minutos tienen, indefectiblemente, 60 segundos. No hay minutos breves y minutos largos. Por lo tanto, di en *pocos minutos*.

Volver a reiterar. Frase muy común en los políticos y *opinólogos*... pero incorrecta. *Reiterar* significa *volver a decir o ejecutar*, por lo tanto, es una expresión redundante. Di *reitero* o *vuelvo a decir*.

Qué hacen los buenos comunicadores

› *El predominio de los sentidos.*

› *El punto de vista.*

› *Tipos de comunicación.*

No existen grandes secretos; la destreza de los buenos comunicadores se percibe en la forma en que logran hacer contacto con sus interlocutores, en la manera en que los cautivan. ¿Quieres saber exactamente qué hacen?

Seguimos a los que saben
Cuando una imitación es buena

Los buenos comunicadores ejercitan distintas estrategias para lograr el éxito en sus discursos o en conversaciones individuales, ya sea en exámenes, entrevistas para conseguir empleo, ventas persona a persona, etcétera.

Armonizar con el receptor

Como "lo semejante busca lo semejante", preferimos aquello que se nos parece.

Si te sientas en una confitería, al obervar a tu alrededor, podrás inferir rápidamente qué personas se llevan bien entre sí. Cuando hay una buena relación, la gente se mira a los ojos, y hasta adopta gestos y posturas complementarias, como si ejecutaran una coreografía, una danza en la que cada uno se adecua al otro y refleja sus movimientos y sus gestos. Los mejores conferencistas, los vendedores más efectivos, los líderes de opinión, crean una "sintonía" especial con la gente. ¿Cómo lo hacen? Adecuándose a la "coreografía", a la "danza" postural y gestual de los demás. Esto no quiere decir que imiten al otro como si estuviesen delante de un espejo, sino que se trata de ir "acomodándose" a los demás. Por ejemplo: si alguien susurra, el buen comunicador baja un poco la intensidad de su voz. A una persona que habla velozmente, le puede generar impaciencia el que hace largas pausas al hablar. El gesticulador se podría sentir incómodo con una persona inexpresiva, que pone "cara de póquer".

Para captar la atención

Usamos nuestros sentidos de forma constante, aunque, en algunas ocasiones, damos prioridad a un sentido sobre los otros. En un concierto, prevalece el oído; en un museo de artes plásticas, la vista; al elegir un perfume, el olfato, etcétera. Se dice que los pintores, los dibujantes, los guionistas y los directores de cine y televisión, los modistos, etc., piensan con imágenes. Esto quiere decir que la vista es su sistema primario de representación.

Con la enorme influencia del cinematógrafo, la televisión y la publicidad, para mucha gente la vista es el sentido primario. Pero no para toda la gente.

En programación neurolingüística, suele darse este ejemplo de los distintos sentidos primarios: Un vendedor de una inmobiliaria le ofrece una casa a una persona. Le dice: "Tiene un buen diseño, armónico. Cuatro cuartos luminosos, con grandes ventanas que dan a un jardín. La casa está recién pintada y tiene una hermosa fachada". A otra persona, que busca una vivienda, le habla de una casa que es confortable, tiene una gran chimenea en la sala y aire acondicionado en todos los ambientes. En el jardín hay rosales y jazmines que perfuman el aire. A un tercer cliente, le dice que tiene para él la casa soñada: con alfombras que amortiguan las pisadas, el canto de los pájaros que llega

Sintoniza con alguien como prueba

En la próxima conversación con alguien que no pertenezca al círculo habitual de personas con las que tratas a diario, prueba esto: si la otra persona está sentada echada hacia delante, adelanta un poco el torso. Si el otro mueve mucho las manos, muévelas tú también, aunque no tanto. Si el interlocutor se cruza de piernas, cruza tus piernas. Si el otro está de pie, apoyando el peso del cuerpo en una pierna, párate apoyando el peso del cuerpo en una pierna. Prueba unos minutos. ¿Qué pasa? Luego deja de imitarlo, haz otra cosa distinta de la que hace tu interlocutor. ¿Qué sucede? Cuando haces lo opuesto o cuando tu actitud es "neutra", la comunicación se "enfría".

Adecuarse al comportamiento del receptor es también una forma de respaldo.

desde afuera, un rincón de la sala preparado para ubicar un equipo de música, y sin vecinos bullangueros.

Se trata de la misma casa, sólo que la ofreció según el sentido prevaleciente de cada uno de sus clientes: visual, cinestésico o auditivo.

El predominio de los sentidos

En cada ser humano predomina uno de los sentidos sobre los otros. Para ser un buen orador, es importante detectar cuál es el que rige a nuestro interlocutor; de esa manera, estaremos en condiciones de generar una mejor "frecuencia" y mejorar la comunicación.

Predominio visual

Las personas con predominio visual hablan más rápido y emplean términos relacionados con la vista.

Las personas que tienen predominio visual lo manifiestan con sus ojos, sus posturas corporales y su manera de hablar. Haz esta prueba: pregúntale a un conocido qué cenó hace dos días. Probablemente mire hacia arriba y a la izquierda. La mayoría de las personas diestras recuerda mejor mirando de esta manera (los zurdos pueden mirar hacia arriba y a la derecha).

Al hablar, los visuales emplean con frecuencia expresiones relacionadas con el sentido de la vista:

Una persona (o una idea) brillante.
¿Viste lo que le pasó a Fulano?
Te voy a mostrar cómo mejorar esto.
Se reveló como un egoísta.
Se mostró contento.
Esto es un reflejo de la sociedad.
Ilustrar con ejemplos.
Estar en las tinieblas.
¡Ojo!
Según mi punto de vista.
¿Lo tienes claro?

Pregúntale a otra persona cómo supone que es un venusino o que hará en sus futuras vacaciones. En ambos casos, se trata de imaginar, y, cuando lo hacemos, miramos hacia arriba y a la derecha.

Esto lo hace así casi toda la gente; entonces, la pregunta es: ¿cómo detectar a alguien con predominio visual? Los visuales hablan más rápido que el resto de las personas y en un volumen de voz más alto, como si tuviesen tantas imágenes en su cerebro que deben apurarse para poder seguirlas. Por lo general, están algo tensos, como expectantes, y mantienen la cabeza erguida.

Predominio auditivo

Prueba esto: pregúntale a algún conocido cuál puerta de su casa hace más ruido al cerrarse. Mirará hacia la izquierda, a un lado, como si buscara con los ojos su propia oreja izquierda.

Para recordar algo que escuchaste, repítelo varias veces mirando hacia un lado, a la derecha, como buscando mirar tu oreja.

Luego pregúntale cómo sonaría una campana debajo del agua. Sus ojos buscarán mirar hacia la oreja derecha. Las personas que piensan mediante sonidos suelen inclinar ligeramente la cabeza hacia un lado, como si estuviesen oyendo algo.

A veces se mecen suavemente al hablar, como siguiendo un ritmo interno. Su voz es clara, expresiva, matizada. Puede ocurrir que alguien esté "dialogando" consigo mismo. En tal caso, apoyarán la cabeza en la mano o el puño, como si sostuvieran un teléfono invisible. Los que hablan consigo mismos ladean más la cabeza. Haz esta otra prueba, pero ahora tú serás el sujeto de ella: cuando te digan un número de teléfono o una

El término cinestésico se utiliza para la combinación de sensaciones táctiles, olfativas, gustativas e internas. dirección, o algo breve que no puedas anotar, repítelo varias veces, mirando hacia tu oreja derecha. ¡Funciona! Es muy probable que lo recuerdes sin problemas durante cierto tiempo.

Las personas con predominio auditivo emplean estas expresiones y otras relacionadas con el sentido del oído:

Escúcheme.
No me suena.
Me quedé sin habla.
El teléfono está mudo.
Tiene líneas armoniosas.
Es un filme monótono ("monótono" significa "de un solo tono". Y el tono puede ser visual o auditivo).
El texto tiene buen ritmo.
Hice oídos sordos.
Hay que acentuar este aspecto.
Juanita dio la nota.

Cuando brindamos, además de la sensacion visual y gustativa, el sonido de las copas suma la auditiva.

Predominio cinestésico

Prueba lo siguiente: pregúntale a alguien qué sentiría si se acostara sobre sábanas mojadas. Observa sus ojos. Es muy probable que mire hacia abajo y a la derecha, que es la manera de conectarse con las sensaciones táctiles, olfativas, gustativas, térmicas. Fíjate en alguien que esté concentrado en sus pensamientos; por ejemplo, alguien que ore sin mirar una imagen. Sus ojos estarán apuntando hacia abajo y a la izquierda, que es la manera de mirar cuando dialogamos con nosotros mismos.

Las personas cinestésicas hablan de manera más lenta, con largas pausas. Parecen estar relajados, respiran de manera más profunda y algo más despacio. La voz de un cinestésico es más grave o más profunda. Cuando se concentran en algo, por ejemplo, si siguen a un instructor de gimnasia, suelen tener un ritmo más lento.

Al hablar, los cinestésicos emplean, con frecuencia, estas expresiones:

Huelo a gato encerrado.
Sus argumentos son sólidos.
Es una chica suave.
Estamos en contacto.
Tiene una sonrisa cálida.
Fulano es un pesado.
Su risa es áspera.
Me dejó un sabor amargo.
Puso el dedo en la llaga.
Me quité un peso de encima.
Vamos a romper el hielo.
Fresco como una lechuga.
Fue un trago amargo.

Uso de los sentidos dominantes en la comunicación

Si tu novia es cinestésica y notas que está distraída, es posible que logres muy poco diciéndole; "No me estás escuchando" o "Mira esto".

A un visual, más que pedirle que recuerde traer la ropa de la lavandería, anótaselo. Y, si eres visual, y tienes por costumbre hacer notas y dejarlas sujetas con un imán en el refrigerador de tu casa, con un auditivo sólo lograrás que las lea después de *decirle* que debe hacerlo. ¿Cómo trasladar esto a una clase especial o un examen con varias personas de quienes ignoramos cuál es su sentido dominante? Pues usando todas las expresiones que los distintos tipos emplean.

Si se trata de una clase especial, camina un poco para los visuales, usa láminas, escribe en el pizarrón.

En un examen, no te quedes como si fueras "de piedra": mueve un poco las manos, emplea las expresiones que aparecen en estas páginas.

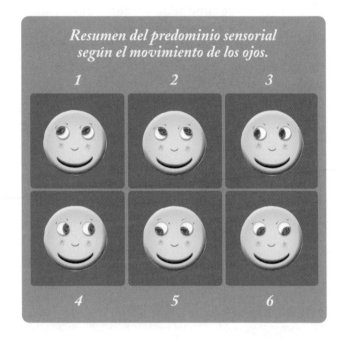

Resumen del predominio sensorial según el movimiento de los ojos.

▶ **1.** Visual para recuerdos.

▶ **2.** Visual para imaginar.

▶ **3.** Auditivo para recuerdos.

▶ **4.** Auditivo para imaginar.

▶ **5.** Cinestésico para imaginar.

▶ **6.** Cinestésico dialogando consigo mismo.

Tenemos predominio de un sentido sobre los otros.

El punto de vista

Para que una exposición oral le resulte dinámica y atractiva a nuestro auditorio es indispensable variar el punto de vista e incluir a los oyentes. Asimismo, no hay que incurrir en vaguedades ni generalizar; eso aportará elocuencia a nuestro discurso.

Cómo mejorar la exposición de un problema

Supongamos que, en una reunión de directivos de una organización de bien público, uno de los participantes dice: *"He sabido que la campaña para recolectar fondos para construir una nueva escuela no funciona como se ha planeado* (expone el problema según su opinión, pero involucra a otros, a los que no designa).

Los ejemplos siempre deben ser accesibles a todos e irrefutables.

Sin duda puede mejorar, aunque yo, personalmente, no podría ocuparme de todo lo necesario para que mejore (expresa que hay una salida para el problema, pero sigue exponiendo su problema, superponiéndolo al común). *Si se hiciera un buen cronograma y se reasignaran las tareas, creo que podría involucrarme más* (propone una alternativa, pero siempre según su criterio)".Esta exposición mejoraría de la siguiente manera: *"Muchos de nosotros sabemos que la campaña para recolectar fondos para construir una nueva escuela no funciona como lo hemos planeado* (busca plantear el problema involucrando a la mayoría de la audiencia). *Es muy posible que a ustedes les pase lo mismo que a mí: no pueden ocuparse personalmente de todo lo necesario para mejorar el proyecto* (incluye a los receptores consigo mismo en un "nosotros", sin echar culpas). *Pero si lográramos hacer un buen cronograma y reasignar las tareas, quizá todos podríamos colaborar* (propone una solución conjunta)".

Comparaciones y ejemplos

Comparar, cuando se está comunicando algo, es dar un punto de referencia, relacionar algo con otra cosa, para que los demás puedan identificar más fácilmente el concepto. Por ejemplo: hablar del tamaño del Sol, la Tierra y la Luna supone manejar dimensiones difíciles de imaginar. En lugar de referirse al diámetro de cada uno de estos cuerpos celestes, se puede hacer la siguiente comparación: el Sol equivale a una pelota de fútbol, la Tierra es como una pelotita de tenis y la Luna, una canica grande de vidrio. Luego sí se pueden dar los kilómetros de diámetro. Las proporciones están explicadas de modo fácilmente imaginable.

Algunos conceptos que se relacionan con las ciencias humanísticas pueden aclararse mucho mediante ejemplos. Veamos el siguiente: "Ustedes habrán notado que en los medios de comunicación proliferan las denuncias. Muchas personas dicen que eso ocurre por el descrédito del poder judicial. Quizá algunos miembros sean ineptos, pero eliminarlos sería prohibir que los automóviles circulen porque se producen accidentes, en vez de apreciar que también son excelentes medios de transporte".

Los ejemplos siempre deben ser accesibles a todos..., e irrefutables. Un ejemplo que se puede refutar generará controversias.

Hay que evitar malentendidos y vaguedades

Nuestro lenguaje depende de nuestra cultura, de la sociedad en que vivimos y hasta de las áreas en que nos desenvolvemos. ¿Cuántas variedades de arroz conoces? Cada una tiene una palabra para designarla. ¿Cuántas son? ¿Seis, siete, diez? En Nueva Guinea, hay noventa y dos palabras para designar otras tantas variedades de arroz. En esa sociedad, el arroz es fundamental para su economía. Cuidar el lenguaje de la exposición será de gran ayuda, sobre todo porque, muchas veces, creemos que somos claros, y no es así. No se trata de corrección gramatical, sino de expresiones que originan dudas. Considera estas frases:

Debo irme porque me esperan.

Cuando saqué la basura perdí mis guantes en la calle y alguien me los devolvió.

Ese libro me ayudó mucho.

Completa tus conceptos, los demás no pueden adivinar lo que quisiste decir.

Salvador Dalí
(1904-1989).

El peligro de generalizar

Generalizar es tomar un ejemplo como representativo del todo, por ejemplo, cuando decimos "Los dinamarqueses son rubios". ¿Son rubios todos los dinamarqueses? Como siempre puede haber excepciones, debemos estar abiertos a ellas. Una generalización puede implicar que se está simplificando, pero también puede ser un indicio de discriminación.

Gramaticalmente, las tres son correctas, pero surgen las siguientes preguntas: ¿Quién o quiénes esperan? ¿Quién devolvió los guantes? ¿De qué manera ayudó ese libro? De igual modo, si dices: "Es evidente que ésta es la mejor solución", ¿Para quién lo es? ¿La mejor si la comparas con cuáles otras? Para llegar a una conclusión, debes haber exhibido antes pruebas concluyentes. Decir: "Me esperan" puede sonar a excusa para no quedarte; no mencionar a quien te devolvió algo no deja de ser una ingratitud; un libro puede ser útil de muchas maneras: ¡hasta para equilibrar una mesa con una pata más corta! Por lo tanto, sé lo más específico posible en los casos en que puedan generarse dudas. Si dices "En el matrimonio de Dalí con Gala había admiración", ¿se admiraban uno al otro? Entonces, agrega "mutua": "En el matrimonio de Dalí y Gala había mutua admiración". Si no quisiste decir eso, sé claro: "Dalí admiraba a Gala, su esposa", o "Gala admiraba a su esposo, Dalí".

Es bastante fácil darse cuenta de ciertas generalizaciones, pues se distinguen con las siguientes palabras:

- **Todo** ("Todos admiran a Gandhi.")

- **Cada** ("Cada miembro del club puede ingresar con un amigo". ¿Y si el amigo pretende ingresar armado?)

- **Siempre** ("Siempre olvido mis llaves en casa". ¿Realmente siempre, o, más bien, "a menudo"?)

- **Nunca** ("Nunca se hizo un análisis más detallado de esta situación." ¿Conoces todos los análisis de todo el mundo en todas las épocas?)

- **Ninguno** ("Ninguno de los romanos quería a Cleopatra". ¡Caramba! Y Marco Antonio ¿tampoco la quería?)

- **Nadie** ("Nadie escapó de la gripe este año.")

El don de la comunicación

> *Elementos para mejorar la comunicación.*

> *La subordinación.*

No importa cuán "correcta" sea una disertación, un examen oral o una entrevista... ¡Todavía podemos mejorar! Si logramos retener la atención de los oyentes aportando datos curiosos que, además de informar, entretengan, habremos logrado nuestro objetivo.

Elementos para mejorar una exposición
Hablar bien

Una excelente exposición se construye de acuerdo con reglas gramaticales, debe pronunciarse con corrección, y alternar seriedad con emociones y momentos de relajación.

Algunos secretos profesionales

Leer mucho es una excelente manera de mejorar la calidad de las exposiciones.

Hay personas que hechizan a la audiencia. Pueden ser actores –que no están actuando sino conversando–, políticos, conductores de televisión o de radio, conferencistas, profesores, etcétera. Pero si nos detenemos a ver qué tienen en común advertiremos algunas cosas:

Conocen el tema del que hablan

Los actores hablan de su vida, de sus actuaciones, de alguna obra que interpretaron o conocen a fondo. Los políticos, los profesores, los conferencistas se informan. Casi todos ellos leen libros sobre los temas que tan bien manejan.

Tienen un buen sentido del ritmo

Hacen pausas en los momentos en que desean destacar algo, elevan la voz en otros, o parecen "aterciopelarla" cuando se refieren a imágenes sensoriales emotivas.

Si nos tomamos el trabajo de tratar de desentrañar algunos secretos de estos buenos expositores, encontraremos tres ítemes fundamentales: la repetición, la inclusión de detalles y las preguntas movilizadoras.

Me repite, por favor

Repetir un concepto con otras palabras es, de alguna manera, ampliar la información. Mientras se produce la redundancia, se crea un "espacio vacío" para organizar la mente del que habla. El oyente aprovecha ese espacio vacío para absorber lo que ya recibió. La repeticiones y las formulaciones suelen comenzar con las expresiones "es decir", "o sea" y otras. Éstas preparan al oyente para escuchar nuevamente lo ya escuchado; en el caso de que lo haya comprendido, podrá utilizar ese espacio mental para cerciorarse de que ha escrito todos los conceptos con letra legible o subrayar algo que quiera destacar. En caso de no haber entendido, agudizará su atención para comprenderlo esta vez.

Referir algo con detalles significativos estimula la imaginación.

Hablar con lupa en mano

Referir algo con detalles significativos estimula a tal punto la imaginación, que en la vida cotidiana solemos recordar más esos detalles que el resto de lo que nos dijeron. Por medio de un buen detalle, las ideas se comunican y se comprenden mucho mejor.

Resúmenes y preguntas, al comienzo

Muchas personas logran atrapar la atención desde el principio de su exposición haciendo un resumen, tal como hacen los buenos escritores: "Bastará decir que soy Juan Pablo Castel, el pintor que mató a María Iribarne" (Ernesto Sábato, El Túnel).

Otras veces, se comienza por el final: "Luchó veinte años por el terror de ser expulsado de su Iglesia porque sus ideas contradecían a la Biblia. Finalmente se impuso a sus miedos y publicó *El origen de las especies*". Luego, el hablante puede exponer sobre la vida de Charles Darwin, las teorías evolucionistas, etcétera.

Por lo tanto, busca algún elemento que logre despertar el interés y empieza por él.

La subordinación

Para que una comunicación oral sea considerada excelente, también hay que tener en cuenta las reglas de subordinación, que señalan la dependencia de una parte de la oración de otra. ¡Veamos cómo funciona esto!

Cuando existe más de un verbo

Una oración puede tener más de un verbo y no por eso uno depende del otro: "Esa noche todos los asistentes a la fiesta *comieron y bailaron* hasta las primeras luces del alba". La oración tiene sentido completo. En cambio, en "Le *preguntó* a su esposa {si *quería* acompañarlo}", lo que está entre llaves no tiene sentido completo. Se trata de la subordinación de un verbo con respecto a otro.

Dijo que pintaba bien.

Subordinación a verbos de expresión, conocimiento y percepción

Se trata de las subordinadas a verbos como *decir, pensar, saber, creer, conocer, juzgar, afirmar, manifestar* y otros. Estas subordinadas funcionan como sustantivos.

Si las acciones del verbo principal y del verbo subordinado se perciben como simultáneas, los subordinados deberán conjugarse en correlación con el principal.

Dice — que pintaba bien.

*Decía
Había dicho
Dijo* } *que pintó (o pintaba, o había pintado) bien.*

Cuando la subordinada depende de un verbo en futuro (*dirá*), como sobre el futuro no existen certezas, se puede construir la subordinación con el presente del modo indicativo.

Dirá — *que pintaba bien.*
(Equivale a "quizá diga que pinta bien".)

Si la subordinada se refiere a hechos anteriores al verbo principal, las subordinadas se construyen así:

Dice {
que pintaba bien.
que pintó bien.
que ha pintado bien.

Dijo
Decía } *que había pintado bien.*
Ha dicho

Dirá {
que pintaba bien.
que pintó bien.
que ha pintado bien.

Si la subordinada se refiere a hechos posteriores a los de la acción principal, los modelos son:

Dice — *que pintará bien.*

Dijo
Decía } *que pintaría bien.*
Ha dicho

Dígale — *que pinte bien.*

¡Cuidado! Si la principal está en modo imperativo, la subordinada se construye en modo subjuntivo.

Subordinadas dependientes de oraciones negativas

Si las subordinadas que funcionan como sustantivos dependen de verbos como *pedir, rogar, ordenar, desear* y otros, pero se trata de oraciones negativas, las subordinadas se construyen con los verbos en modo subjuntivo. Cuando se entiende simultaneidad de acciones entre la principal y la subordinada, los modelos son:

El modo subjuntivo es el ideal para expresar nuestras dudas o hipótesis.

No creo — *que venga.*

No creía
No creí } *que viniera (o viniese).*
No he creído

Si se trata de anterioridad:

No creo — *que haya venido.*

No creí
No creía } *que hubiera*
No he creído } *(o hubiese) venido.*

En cambio, para acciones posteriores a la principal:

No creo — *que venga.*

Los mismos modelos se seguirán si los verbos principales expresan *deseo, duda, orden, ruego*, etcétera, como "Ruego que venga", "Rogué que viniera", etcétera.

Subordinadas condicionales

En una oración condicional, la condición nunca debe estar en modo potencial. La subordinada establece una condición para que se cumpla lo enunciado en la oración principal: "Si lees mucho, ampliarás tu vocabulario". La condición para ampliar el vocabulario es que leas mucho. En estas oraciones, se cometen errores cuando se trata de falsas condiciones, pues las cosas ya se produjeron, de ahí que se las llame *condicionales irreales*. Por ejemplo: "Si bebía una copa más, se embriagaba". Esto quiere decir, en realidad, que no bebió esa copa más, y, por lo tanto, no se emborrachó; o sea, que se plantea una condición irreal. En este tipo de subordinadas, la condición jamás debe expresarse con un verbo en condicional simple. Así, es grave error decir: "Si tendría más tiempo, estudiaría inglés".

Lo correcto es "Si tuviera (o tuviese) más tiempo, estudiaría inglés".

Cuando la condición se siente como posible de realizar, tampoco debe usarse el verbo en condicional simple. Así, es un grave error decir: "Si vendrían les serviría café". Lo correcto es: "Si vinieran, les serviría café".

Cuando las subordinadas dependen de sustantivos

Se las llama *adjetivas* o *de relativo*, porque están encabezadas por pronombres relativos y cumplen la función de modificar a un sustantivo que las antecede. Los pronombres relativos son: *que, quien, cual, cuyo, donde, cuando, como, cuanto*.

A veces, se cometen errores en las subordinadas pues no se tiene claro que, dentro de ellas, los pronombres cumplen una función sintáctica.

Así, en "Ezequiel era el contador que puso en orden las cuentas", *que* cumple la función de sujeto, pues puede reemplazarse por el pronombre *él*, y de esa manera se formarían dos oraciones: "Ezequiel era el contador; él puso en orden las cuentas". Los pronombres relativos admiten reemplazos, y acaso con ellos puedan aclararse las funciones que cumplen dentro de las subordinadas (ver recuadro).

Los pronombres *cuando*, *como*, *cuanto* equivalen a "entonces", "así", "mucho".

Pronombres relativos

› Pronombre	› Reemplazo
Que	él, ella, aquel, aquello
Quien	él, ella, aquel, aquello
El cual, la cual...	él, ella, aquel, aquello
Cuyo	su
Donde	allí

Ver para entender

- > *Pizarrones y tableros blancos.*
- > *Carteles y papelógrafos.*
- > *Diapositivas y videos.*

Si ya venciste el miedo a hablar en público y tienes perfectamente pulido tu discurso, es hora de acaparar la atención de todos. ¿Cómo? Nada más y nada menos que con apoyos visuales para tu disertación. ¿Quieres conocer todas las posibilidades?

Carteles, diapositivas, videos y más

Apoyos visuales

Las ayudas visuales refuerzan el mensaje oral, atraen a la audiencia e ilustran la información. Se ha demostrado que cuando se trata de incidir sobre el público, el empleo de apoyos visuales mejora un 43 % la persuasión.

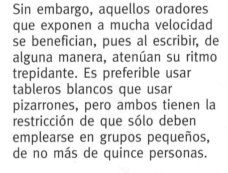

Pizarrones y tableros blancos

Si bien son los auxiliares más usados, pues se encuentran prácticamente en todos lados, tienen la desventaja de que mientras el orador escribe le está dando la espalda al público, y ya hemos visto la importancia del contacto visual.

Sin embargo, aquellos oradores que exponen a mucha velocidad se benefician, pues al escribir, de alguna manera, atenúan su ritmo trepidante. Es preferible usar tableros blancos que usar pizarrones, pero ambos tienen la restricción de que sólo deben emplearse en grupos pequeños, de no más de quince personas.

Si en el lugar en el que vas a hablar hay tableros blancos, asegúrate sobre el tipo de marcadores que habrá. Sería lamentable que no pudieras borrar lo escrito porque el marcador es resistente al borrado. Los marcadores más fáciles de borrar son los que contienen acetona, pero a muchas personas –incluido a ti– puede afectarles el olor que emanan. Les siguen en calidad los marcadores con base de alcohol. Algunas marcas permiten usarlos sin tener que ponerles la tapa inmediatamente después de

escribir, lo cual es una ventaja, pues si olvidas taparlo no tendrás el inconveniente de quedarte sin herramienta de escritura en el medio de tu exposición. Si no estás seguro de los marcadores que te proporcionarán, gasta un poco de dinero y lleva contigo un borrador seco, especial para todo tipo de marcadores de tableros blancos. Si dispones de varios marcadores de colores, ten en cuenta esto:

▶ El color aumenta el interés en un 80 %.

▶ Los colores cálidos, como el rojo, el anaranjado y el amarillo "representan" acción. Úsalos para todo aquello que desees destacar especialmente.

▶ Los colores fríos, como el azul, el verde, el púrpura son ideales para los datos más "serios" o para los menos relevantes. Llaman menos la atención.

▶ Procura evitar el negro sobre el blanco, pues "motiva" poco.

▶ Recuerda que el 15 % de los varones tiene algún problema para identificar colores, como el daltonismo (confusión entre rojos y verdes) o discromatías (confusión entre azules y verdes). Por lo tanto no pongas juntos el verde con el rojo o el azul junto al verde.

▶ Entre un rojo y un anaranjado, prefiere el anaranjado. Los daltónicos te estarán agradecidos.

Una de las desventajas de pizarrones y tableros es que la información debe borrarse para escribir otra, y no se puede volver atrás sin rescribir.

Carteles

Tienen la ventaja, sobre los pizarrones y los tableros blancos, que la información permanece. Si vas a usar carteles, será mejor que cuentes con un ayudante para no darle la espalda al público mientras los colocas.

Los carteles deben tener sólo los puntos más importantes de tu

Los gráficos de barras y de tortas son importantes auxiliares gráficos que condensan mucha información comparativa.

disertación. Un buen tamaño para una sala grande es de 0,80 x 1,20 metros. Por supuesto que deberás asegurarte el tipo de soporte que tendrás disponible para fijarlos. Si es un pizarrón, consulta si puedes llevar tachuelas de cabeza grande y plana. Si es un tablero blanco, lleva cinta adhesiva de unos 2 centímetros de ancho.

El día de la charla es mejor que lleves los carteles dentro de un tubo de cartón para protegerlos de roturas o pliegues.
Algunos lugares, en donde se realizan exposiciones orales periódicamente, cuentan con paneles permanentes que sirven para las conferencias que allí se realizan.

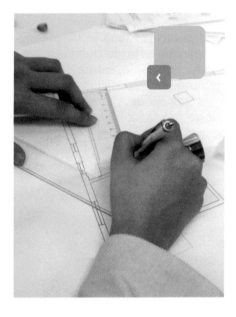

Los carteles deben "autoexplicarse" respecto del recorrido visual.

Instrucciones para hacer un cartel

Piensa un título para cada cartel. Ubica el título en la parte superior, con letra un poco más grande que el resto (unos 10 centímetros aproximadamente).

■ Procura que la información de cada cartel no exceda las seis líneas. Las letras deberán tener unos 8 centímetros para que todos puedan verlas sin dificultad.

■ La información debe estar orientada de arriba abajo. Si necesitas conectar dos líneas de texto, usa flechas curvas para guiar al público a través del cartel.

■ No olvides el uso de colores (ver el ítem en *Pizarrones y tableros blancos*).

- Un cartel puede tener gráficos de barras o de torta para sintetizar rápidamente su información. Un gráfico de torta debe tener como mínimo 35 centímetros de diámetro. En un gráfico de barras la más corta del gráfico no debe ser inferior a 5 centímetros.

- Usa algún dibujo o figura para animar el cartel.

- Cuando presentes un cartel, emplea por lo menos un minuto para explicarlo y algunos minutos más cuando lo están leyendo, para resaltar su contenido.

- El título de cada cartel debes pensarlo como si se tratara de un titular de un periódico: debe llamar la atención.

- Debe ser obvio para el público por dónde empezar a inspeccionar el cartel y hacia dónde ir recorriéndolo con la mirada.

- Si lo deseas, usa números en cada línea. Como la información del cartel debe ser la imprescindible, en tu exposición retomarás esas líneas numeradas, que quedarán a la vista.

- Puedes hacer el cartel en una computadora y luego hacerlo ampliar al tamaño requerido. Usando un cuerpo de letra mayor que 14, la ampliación no perderá nitidez.

- Si vas a emplear más de un cartel, identifícalos con una etiqueta o número de orden en el dorso. Así no perderás tiempo buscando el cartel que necesitas en cada momento.

Procesador de textos para las ayudas visuales

Tú puedes hacer carteles, diapositivas, acetatos para retroproyectores, etc., con una computadora y luego ampliarlos en los negocios especializados. Para ello usa tipografías sencillas pero elegantes, como Arial, Arial Narrow, Lucida Bright, Lucida Sans, Sans Serif, Tahoma o Verdana, que son las más legibles.

Arial, Arial Narrow, Lucida Bright, Lucida Sans, Sans Serif, Tahoma, Verdana

Con un retroproyector de elementos sólidos (ver *Retroproyectores*), no necesitarás pasar tu trabajo a un acetato.

Todos los apoyos visuales requieren de un poco de cuidado para su traslado y conservación. Se recomienda tener siempre una opción alternativa.

Todos los carteles deben estar escritos sin faltas de ortografía. Si tienes dudas, consulta un diccionario.

lámina de acetato y luego guárdala entre dos hojas de papel del mismo tamaño. Para transportarlas al lugar donde harás tu presentación, usa una carpeta rígida.

Papelógrafo

Un papelógrafo consiste en una tabla, montada sobre un trípode, sobre la que se coloca papel. El papel mide aproximadamente 50 x 100 centímetros.
Debido a sus dimensiones, sólo deben emplearse para grupos pequeños.

La ventaja de los papelógrafos sobre otras ayudas visuales es que permiten desplegar diferentes gráficos para mostrar la relación que guardan entre sí, y como no se quitan de la vista, funcionan como resúmenes muy efectivos. Además, como el orador debe desplazarse de un trípode a otro, esto da una cuota de dinamismo adicional a la exposición.

Consejos para preparar una exposición con ayuda de papelógrafos

Con un retroproyector de transparencias (en algunos países las llaman filminas), puedes optar por llevar tus copias a un local especializado o hacer las transparencias tú mismo. El "papel" transparente se compra en las tiendas que venden insumos para computación. Busca el manual de instrucciones de tu impresora y sigue los pasos que allí se indican en el apartado "transparencias". Un consejo: deja secar bien cada

- Si vas a hacer los carteles a mano, trabaja primero en lápiz: marca los renglones y la altura de las letras utilizando regla y escuadra. La apariencia debe ser muy prolija.

- Escribe con letras de molde de unos 5 a 8 centímetros.

- Usa marcadores de punta gruesa y preocúpate por hacer letra clara.

- Usa un color para cada concepto distinto.

- Si vas a usar varios trípodes, anota el orden en que desplegarás cada cartel de cada papelógrafo. ¡Y cuenta con un ayudante entrenado!

- Puedes variar los colores de un trípode a otro.

- Lleva papeles del mismo tamaño y algún marcador de punta gruesa por si tuvieses que aportar algún otro dato solicitado por tus oyentes.

Retroproyectores

Los retroproyectores son aparatos que permiten proyectar láminas del tamaño de una hoja de papel carta, A4 o legal en una pantalla. Son muy comunes en los centros de conferencias y en los establecimientos de enseñanza. Los hay de dos tipos: para transparencias y para objetos sólidos. Para usar los retroproyectores de transparencias, una imagen o texto se pasa a un acetato y esa lámina transparente se proyecta en una pantalla grande. Esto permite su empleo con grupos muy numerosos, pues posibilita que todos vean bien las imágenes. Además, no se necesita disminuir la luz de la sala cuando se proyecta y es muy sencillo de usar. Sólo tienes que pasar tus

imágenes a transparencias. No es conveniente que se proyecten páginas de libros si tienen demasiada información, pues esto agobia al público. Si vas a proyectar fotografías, ya sea en papel o con transparencias, dale tiempo a tus compañeros para que las "lean", pero no permanezcas todo el tiempo callado. Lo ideal es presentar la imagen, contar mentalmente hasta

---

SI y NO del uso de retroproyectores y diapositivas

Si a...

> Aprender a usarlos con soltura.

> Tenerlos en secuencias ordenadas.

> Mirar a los participantes cuando los exhibes.

> Apagar el aparato cuando no lo usas.

> Dar tiempo suficiente para que lean en silencio lo proyectado.

> Señalar con un puntero luminoso.

No a...

> Dejar la imagen proyectada a la vista del público cuando ésta ya cumplió su propósito. ¿Para qué distraerlos de tu exposición?

> Cruzarte ante el haz luminoso del aparato proyector.

> Hablar ni bien se proyecta algo, sin dar tiempo a que lo "lean" en silencio.

> Hablar sin parar mientras está la proyección en pantalla. ¡Muchos querrán anotar y no podrán por la falta de luz!

Para preparar un buen video, hay que hacer un guión detallado de lo que se va a mostrar, incluyendo sonidos y locución, y luego dárselo a un profesional.

diez y luego comenzar a hablar: el público habrá tenido su tiempo para recorrer la imagen sin distracciones y luego estará listo para prestar atención a tus palabras.

Diapositivas

Cuando se usan diapositivas se corre el riesgo de querer poner mucha información en ellas. Una diapositiva debe ser un apoyo para tu presentación, pero no debe dominarla. Tú debes decir más de lo que muestra la diapositiva. ¡Que no se conviertan en las "estrellas" de tu charla! El uso de gráficos, cuadros sinópticos o textos de pocas líneas en una diapositiva permite que la audiencia se concentre más en lo que tú dices. Una diapositiva permite graduar los colores; si usas un color de fondo, las letras y gráficos deben poder leerse, y recuerda evitar los contrastes rojo/verde.

Las diapositivas tienen la ventaja de concentrar la atención en la pantalla, pero también generan el inconveniente de tener que bajar las luces de la sala y la gente no pueda tomar notas durante ese lapso de tiempo. De ahí que tú puedes anunciar que dispondrán de ese material conectándose por correo electrónico, o que dejarás copias, etcétera.

Videos

Evidentemente, un video proyectado en una pantalla genera mucho interés. Pero también tiene sus desventajas:

- Hay que apagar la luz para verlo con nitidez y claridad.

- Si se visualiza en una pantalla de televisor, sólo es apto para pocas personas.

- El equipo para grabarlo (cámara filmadora o cámara de video) es muy costoso.

- Salvo que se tenga mucha experiencia, hay que darle el trabajo a un profesional para que grabe, edite, añada sonidos, etcétera.

- Después de ver un video interesante, por unos minutos la atención del público se dispersa. Por lo tanto, si deseas mostrar un video, es mejor hacerlo casi al final de la charla. Luego, prevé unos diez minutos aproximadamente para que el público se exprese.

Títulos publicados

Cómo hablar correctamente y comunicarnos mejor explora las diversas técnicas para expresarnos con seguridad ante un público numeroso. Además, facilita el desarrollo del lenguaje práctico potenciando así las posibilidades de comunicación. Esta y otras obras de la reconocida autora **María Teresa Forero** constituyen una herramienta indispensable para saber utilizar perfectamente todos los recursos del lenguaje.

Cómo elegir mejor qué estudio cursar despliega el extenso panorama de posibilidades a la hora de pensar nuestro futuro. Aborda exhaustivamente todos los requisitos para ser un excelente profesional en el mundo de hoy. Esta obra de la destacada psicopedagoga **Silvia Storino** es un manual de consulta imprescindible para tomar decisiones que se ajusten con mayor precisión a nuestras necesidades.

Cómo leer velozmente y recordar mejor presenta una gran variedad de métodos que nos ayudarán a mejorar la lectura y la comprensión. A su vez, aborda técnicas de concentración y memorización que nos permitirán asimilar distintos tipos de textos en un tiempo reducido.

Autora **María Teresa Forero**.

Cómo escribir correctamente y sin errores ofrece un análisis detallado de los distintos tipos de textos y su clasificación. Aporta además los elementos necesarios para redactar eficientemente todo tipo de escrito.

Autora **María Teresa Forero**.

Hay más títulos en preparación